文化震撼之旅

中国台湾

TAIWAN OF CHINA

（美国）克里斯·贝迪斯 玲丽·贝迪斯 著
蒋志森 闫雅萍 译

北京·旅游教育出版社

北京市版权局著作权合同登记章图字：01-2013-8164
策　　划：丁海秀　安颖侠
责任编辑：安颖侠
图片提供：微图网、中国图库、壹图网

图书在版编目（CIP）数据

中国台湾 / （美）贝迪斯，（美）贝迪斯著 ；蒋志森，闫雅萍译. -- 北京 ：旅游教育出版社，2015.1
（文化震撼之旅）
ISBN 978-7-5637-3113-8

Ⅰ. ①中… Ⅱ. ①贝… ②蒋… ③闫… Ⅲ. ①台湾省—概况 Ⅳ. ①K925.8

中国版本图书馆CIP数据核字(2015)第011402号

文化震撼之旅

中国台湾

（美国）克里斯·贝迪斯　玲丽·贝迪斯　著
蒋志森　闫雅萍　译

出版单位：旅游教育出版社
地　　址：北京市朝阳区定福庄南里1号
邮　　编：100024
发行电话：（010）65778403 65728372
　　　　　65767462（传真）
本社网址：www.tepcb.com
E-mail：tepfx@163.com
排版单位：北京旅教文化传播有限公司
印刷单位：北京柏力行彩印有限公司
经销单位：新华书店
开　　本：720毫米×1000毫米　1/16
印　　张：16.25
字　　数：236千字
版　　次：2015年1月第1版
印　　次：2015年1月第1次印刷
定　　价：58.00元

（图书如有装订差错请与发行部联系）

感受文化震撼

任何人一旦离开自己熟悉的舒适环境，骤然进入陌生的环境，就会感到迷失了方向，这种迷惑的状态就是文化震撼。“文化震撼之旅”是一套信息可靠的著名丛书。几十年来，一直都有助于移居国外或长期访问居留者减轻初到一个新国家（地区）所感到的文化震撼的冲击力。

这套丛书的作者都曾经在相关的国家（地区）生活过，并且亲身体验过文化震撼。他们和大家分享一切必要的信息，以便大家能更有效地解决种种迷惑。丛书的写作风格简单易懂，话题广泛，能够给读者足够多的忠告、提示与建议，以使他们能够重新尽可能正常地生活。

每册书结构一致。首先介绍不同的游客对某个城市或者国家（地区）的第一印象。要想了解一种文化，就必须首先了解其人民——他们来自何处，是什么身份，遵循什么价值观和传统，以及他们的风俗习惯和社交礼仪怎样？这些构成了书的前半部分。

接下来是各种实用的生活常识——告诉您如何最为舒适地定居下来。作者带领读者，先是了解如何寻找住处，如何把水、电、气、通信等各项设施开通，继而了解如何给孩子注册入学，以及如何保持健康生活。当然，还不仅这些。一旦解决了和基本生活有关的问题，就要出去尝试当地的饮食，享受更多的文化生活，并且到其他地区旅游。然后，在更深入地了解经济生活之前，还要透彻地掌握该国（地区）的语言。

在最后一章，作者先给出一些方方面面的基本信息，再测验读者对该国（地区）风俗习惯与社交礼节了解掌握的程度。为了方便读者，还列出了实用性的词汇与短语、综合全面的信息资源指南和查询更多信息的参考书目。

CONTENTS 目录

目录 CONTENTS

CONTENTS 目录

目录 CONTENTS

第五章 移居

CONTENTS 目录

目录 CONTENTS

第六章 美丽岛屿上的美食

第七章 享受台湾

CONTENTS 目录

目录 CONTENTS

第十章 台湾掠影

附录

前言 FORWORD

中国台湾地区是一个期待着您来探索、享受和沉思的地方。世界上没有几个地方能够像台湾地区这样只有弹丸之地却同时有白雪皑皑的山顶、辽阔的平原和热带的海滩，而且彼此相距都只有几个小时的车程。台湾地区的文化也同样具有多样性。你要是去参观寺庙或参加节日庆典，或到公园与练习太极拳的人切磋“道”，你就会发现自己身处中国古代传统之中；但你也会被夹在一流的百货商店和时尚精品店的购物人群中，这些地方出售来自世界各地的各种商品和名品。

台湾是勤劳而又懂得享乐的人民的家园。你对他们以及他们的家园了解得越多，你就会越喜欢待在这里。在向你介绍台湾地区及台湾地区人民时，我们着重强调了人际交流，因为这通常是外国人最感到头疼的地方。你不但要应付汉语，还要记住台湾地区是“高语境”文化：许多信息都是通过声调、面部表情、手势、眼神、肢体接触、仪式等非语言的方式传递的。当不可言的肢体语言所表达的意思在双方的文化中不对等的时候，低语境文化的人和高语境文化的人之间的交流就会陷入困境。在台湾地区，表达方式与表达的内容同样重要。本书将帮助你清楚地表达你的意思。

在台湾的外国人

在中国台湾的外国人大多数是来台湾地区工作的。许多是在进行填鸭式教育的学校里教英语，这是一个巨大的产业；有些是由海外公司总部派到台湾地区做管理工作的；还有一些是想在台湾地区找到比在自己的国家更有意思的工作的，比如 IT 行业的工作。每个人都有关于自己刚到台湾地区时的文化震撼和陌生感的故事。但你也会发现很多人已经在这里居住了许多年。不管是教英语、管理工厂、学中文、学中医、学武术，不论做什么，这里都是一个很有诱惑力的地方。一旦你进入并习惯这儿的节奏和人民，你就会被台湾地区的魅力所吸引，你对台湾

台湾人过节喜欢挂红灯笼

地区一时的感情也会变成永久的爱。

本书还讨论了台湾人眼里的重要事情，以及这些事情之所以重要的原因。外国文化的“奇异感”是文化震撼的重要组成部分。我们希望这本书能帮助你了解和应对你的新环境。以下的章节将为你把你在台湾可能遇到的情况作详尽的描述，希望这能使你在真正遇到这些情况的时候少一些震惊。

本书萃取了一个美国人与一个台湾人亲密接触彼此文化27年的经历的精华。我们经常处于台湾与西方文化冲击的交界面。在我们觉得我们的经历不够典型的时候，我们就向其他西方人和台湾人寻求建议。因此，本书有广阔的视角。但是，要注意本书关于到达和移居的信息大多指的是台北市，因为台北是大多数到台湾长住或短期旅行的人的第一落脚点。

希望你在台湾玩得愉快，希望这本书能增加你在台湾的快乐，减少焦虑和误解，使你从本书的经历中受益。祝旅途愉快！

克里斯·贝迪斯

玲丽·贝迪斯

戴安娜·贝迪斯

鸣 谢

在此，要非常感谢和我们讨论他们的经历、分享他们对台湾的感觉的朋友们，特别是第尼和马克博士；还要感谢罗宾和戴安娜为我们提供他们在跨文化关系、儒家思想、独立精神方面的高深见解；也要感谢谭瑾为我们编辑了信息资源指南。

题 词

我们将此书献给

伊桑和理查德，我们的儿子和兄弟

——在东西方文化中他们都是最棒的。

第一章

第一印象

“千里之行，始于足下。”

——中国古代谚语

当克里斯于 1976 年 7 月第一次到台湾的大学进行为期一年的学习时，他所看到的台湾与今天截然不同。当时的国际航班都降落在台北市中心的松山机场。由于工业废气、汽车摩托车尾气的排放，台北空气污染严重。直到过了好几个星期克里斯才在一个晴天发现台北的周围其实是群山环绕。当时台北市里还没有西餐厅，也没有几家国际饭店，大型百货商店只有一家，人民还生活在中国国民党的统治和军事管辖下。美国仍然有大量军队驻扎在台北、台南；美国国务院的汉语培训项目也还在进行。这里天气炎热而潮湿，空气中总是弥漫着一股臭味，室内也没有空调。许多房子的周围都有高高的灰墙，灰墙上嵌着碎玻璃片，以防有人越墙而入。在农村，你经常可以看到稻田里有小孩骑在牛背上，但看不到一辆好车。一条贯穿南北的高速公路正在规划之中，但还没有动工。当时几乎没有什么人会说英语。更让克里斯感到失望的是，他

台北剧院

台北大桥

在美国学了几年的汉语好像都白学了，因为他根本无法用汉语和当地人沟通。

但是，在台湾吃完第一顿午餐后他觉得这些困难都不重要了。他和他的同学是在西门町区著名的“点心世界”吃的午餐。这是一家比较老的露天餐馆，现在已经不营业了。这家餐馆的特色菜是手制锅贴，比西方国家或日本的任何一家假装正宗的餐馆做的锅贴都好吃。这些正宗的中国锅贴底面都煎得黄黄的、脆脆的，上面蒸得嫩嫩的；里面包的是猪肉韭菜的馅儿，要蘸着酱吃。不仅是当时，即使是现在你都会觉得吃上一顿这样的锅贴是一种享受。当时 10 个一盘只需要 12 美分（现在要 1.5 美元）。他们吃的时候，锅贴旁边放着一盘用辣椒和蒜蓉腌过的黄瓜。沙拉是从附近的水果摊买来的。水果摊上切开的台湾红杧果上都撒着碎冰块儿。在这个餐馆里，你只要花上 1 美元就能吃得很好。

刚开始的时候，克里斯寄宿在当地人家里。这家的父母来自浙江和江苏，小孩是在台湾出生的。他和这家的儿子睡在同一个房间。每到夜晚，当他们关上房门睡觉的时候，他都能感觉到汗珠从脸颊上一直往下流。尽管电扇来回地转着，但吹出来的风都是热的。一直过了好几个月，克里斯才知道他听不懂他们说话的原因之一是他们说的不是普通话，而是江苏话。当然，他的汉语也学得不够好。每天早上，这家的父亲都要到卫生间大声地咳痰，而且每次都咳很长时间。克里斯把这件事情告诉他遇到的一位“中国通”的时候，这位“中国通”马上就猜到这个男人是从浙江来的（“他们都特别能咳痰”，他很肯定地说），而且还说从那儿来的人得喉癌的特别多。

克里斯还曾受到这个寄宿家庭的责备，因为他没把台风当回事儿，而且还要在台风来的时候上街去。由于使用的是小型的壁挂式的热水器，再加上当地风俗的影响，克里斯只得学着站在湿漉漉的浴室地板上用热水器里流出来的几股小水流洗澡，而不能在浴缸里舒舒服服地泡澡。他在台湾过第一个鬼节“拜拜”（祭拜鬼魂的仪式）的那天，他们晚餐吃的是一只煮全鸡。鸡头怪诞地悬挂在罐子的边缘上，眼睛直直地盯着克里斯。煮全鸡和其他菜都先用来祭拜先人。而且，这家人还要烧香叩拜东南西北四个主要方向。等先人们吃饱了，这家人才和克里斯一起坐下来吃“剩菜”。

尽管克里斯学了中国的语言、历史和文化，他仍然很惊奇地发现他所遇到的许多台湾人都有根深蒂固的极具个性化的表达中国文化的方式。他在当地人的身上看到一种他从小到大在美国从来没有看到过的敏锐的、明确的文化传统归属感。这种文化归属影响着他们的穿着、饮食、房间的布置，和别人或政府交流的形式、祈福的方式、教育孩子的方法等，几乎包括生活的每个方面。他们毫不隐藏对西方人、西方文化和习惯的好奇，但对所了解到的东西他们也丝毫没有要奴颜婢膝地模仿或照搬的意思。

台北 101 大厦

今天的第一印象

现在，第一次来台湾的人会从桃园机场走高速公路到达台北，而且很可能会在多家世界著名的酒店里选择一家入住，如台北世贸中心或台北 101 附近的台北君悦大饭店。台北 101 不但是世界上最高的建筑，而且是一个令人难忘的购物中心。里面有各种时尚的服装精品店、地方特色店，还有一个大餐饮区，卖当地或其他地方的各种食品。附近就是华纳威秀，是一座多影厅的电影院。在那里，你再也不用为了买一张卖座片的好票而和票贩子讨价还价了。

台北的几任市长坚持不懈地推行

台湾地区街景

城市重建计划，取得了明显的效果。现在的空气污染已经远没有几十年前那么严重了。市区有多条高架公路贯穿东西和南北，有一条现代化的单轨铁路，有快速的运输系统，还有先进的公共汽车系统。敏锐的游客还会发现，台湾涌现出了一些自己的名牌，如宏碁、明基、奇美塑料、长荣航运。现在，“台湾制造”已代表着一部分世界上质量最好、技术含量最高的产品。

台北以南地区的变化也一样显著。如果你是 1976 年去被称为台湾的“饭碗”的屏东县的话，你会看到勤劳、安逸的农民骑着摩托车；但现在你会看到许多宝马、奔驰、沃尔沃牌子的汽车销售店。这儿的富裕是比较均衡的。按西方或非洲的标准来看，这儿的失业率还很低；贫困和无家可归的现象也只是少数。戒严令已被废除了几十年，现在只有在各党派争夺“立法院”席位或竞选台湾地区领导人的时候才会被用上。当地政府建立起了一个医疗保障系统，为全民提供价格合理的健康和医疗服务。政府还加强了对环境的管理；著名公园——如太鲁阁公园、垦丁公园——都有美丽的自然风光，是游客们不可错过的地方。

也许让第一次来台湾的游客印象最深刻的要数这里零售业的变化了。20 世纪 70 年代的时候，这里几乎没有连锁店；只有成千上万的满足人们不同需要的“爸妈店”。现在大多数的便利店都已被淘汰，或被改建成连锁店，如 7–11、麦当劳、康是美、日高、屈臣氏、星巴克等。这儿还有许多世界级的百货商店，如三越百货；还有专卖店，如诚品书店、特力屋家居装饰及配饰品店、百安居自助超市、家乐福超市等。与此同时，台湾人民的创业精神也使他们创建了如泡沫茶店这样席卷台湾甚至以外地区的潮流。开餐馆、餐厅的创业者尤其多。这儿的人经常一天三餐都在外面吃。如果你愿意到卖当地食品的小摊或小餐馆吃饭，你也能尝到营养又美味，便宜又吃得饱的食品；在这儿吃一顿所花的钱是在东京或美国吃一顿所花的钱的一小部分。在商店里、小摊上、推车上、面包店里，你可以吃到各种东西：面、炒饭、烤肉、凉菜、炒菜、饺子、馒头、新鲜的水果，还有鱼，全都物美价廉。

但有些东西是没有发生变化的。台湾人民依然勤劳，依然很会享受生活。小孩子依然被送进以填鸭式教学为主的学校去为将来考上好大学做准备。大人们依然为了事业的发展早出晚归。尽管忙忙碌碌，但台湾人民仍保存着他们的传统思想。你经常可以看见他们在街边的红色小铁桶里给故去的人烧纸钱。许多建筑仍然保留着未完成施工的粗糙肮脏的外表，但里面的公寓却是舒适现代的温馨家园。他们仍然会盯着外国人看，仍然会问一些让外国人感到隐私被侵犯的问题，仍然会用汉语当着外国人的面谈论他们，就像外国人不在场一样。如果你是个外国人，你可以利用他们对你的这种集体好奇心到他们常去的地方去，如当地的餐馆、啤酒馆、茶馆、KTV、游泳馆、保龄球馆；早晨的时候可以去公园。当地人热衷于打保龄球，所以如果你保龄球打得不太好，又有钱可以花在这上面，那你就去保龄球馆吧，他们会热情地欢迎你。

但是你要记住，你的“武器库”里能应对文化震撼的最好的武器是——耐心、宽容和随和的微笑。

台湾天然森林公园

第二章

"亚洲四小龙"之首的历史

"一直到17世纪中期，由于欧洲人到达亚洲沿海所带来的压力和清朝对中国南部反清复明活动的镇压，中国的朝廷官员们才开始对台湾表现出较大的政治兴趣。"

——格里·马文·戴维森（Gary Marvin Davison），《台湾历史简介》

台湾地区的历史可以说是由其独特的地理位置所造就的。由于被各种不同的文化所包围，这里常常成为各国地缘政治斗争中的一粒棋子。我们看到的台湾现代经济的奇迹，在很大程度上就归因于此。

台湾在历史上不同时期的地缘政治地位为台湾发展成为“亚洲四小龙”之首奠定了基础。之后发展起来的另外三只“小龙”是新加坡、韩国和中国香港。

台湾是一个南北走向的树叶状的岛屿，东西两面为太平洋和南海包围。台湾岛西面 160 公里（100 英里）处是福建省；东北是琉球群岛，也就是今天的冲绳等诸岛；东北方向更远的地方，大约 1930 公里（1200 英里）的地方，是日本本岛；最南端的地平线上可以看到菲律宾群岛最北的一个岛屿。

台湾地处于太平洋火山边缘带之上，是地震多发地带。贯穿南北的是岛中央的壮丽群峰；共有 100 多个山峰，最高峰超过 3017 米（9900 英尺）。横穿台湾岛东西的是北回归线。台湾的东面从蓝色的太平洋中拔地而起，而西面郁郁葱葱的平原则缓缓

台湾莲池潭

延伸到南海的淤泥之中。整个岛屿正好处在台风多发地带，东面经常在台风季节受到台风的侵袭。在台北，除了夏天几个月比较温暖湿润外，其他时候天气大多很恶劣，结果就有了这样一句俗话：“台北的天是后妈的脸。”

铜狮

高山族

最早来台湾定居的是吕宋岛人和马来西亚人。[编辑注：作者说法有误，据《辞海》：“据考古发掘，台湾古人类渊源于祖国大陆。”]这儿曾经有八种不同的语言，说明定居者是分批从不同的地方来的。这些定居者居住在沿海地区，以狩猎和原始耕

阿里山的姑娘

种为生。他们之间也会爆发部落战争，也会互相残杀。这些原始人没有文字，但有讲故事和举行仪式的传统。今天，大约有 25 万高山族仍然居住在岛上，他们的利益也从 1945 年开始得到中国国民党“政府”的保护。

欧洲人的到来

台湾在十六七世纪经历了更多的变迁。1517 年，葡萄牙海军上将安剌德率船队到达台湾。葡萄牙人在岛上形成了规模虽小，但却具有重要作用的贸易势力。

当时西班牙人已经在印度尼西亚建立了自己的贸易势力。1622 年，他们向北航行，到达澎湖列岛。澎湖列岛是位于中国大陆与台湾地区之间的一群小岛。一年以后，他们再次来到这里，而且强迫福建总督允许他们在台湾岛建立城堡。安平古堡和 Providentia 就是这样建起来的。接着，西班牙人马上开始了阴谋扩大自己的控制范围。那时正是欧洲殖民主义向上发展的时期，信奉新教的荷兰人到达哪里，信奉天主教的西班牙人就必然接踵而至。1626 年，西班牙人建起了淡水堡和基隆堡。

由于地处一条正在形成的通向日本的主要贸易通道的正中间，台湾逐渐发展成为重要的贸易枢纽。由于当时同中国的贸易主要在海上进行，台湾成了通往中国大陆市场的门户，是樟脑之类的当时一系列贵重商品的重要来源地。但是，1628 年日本人撤回了他们的前线贸易站。这可能是受了新任幕府的命令。当时日本的新任幕府颁布了一系列关闭日本边境、封闭海上贸易的政策，开始了长达 250 年的自我封闭。

1642 年，荷兰人把西班牙人赶出台湾，侵占了台湾。但是，正在中国大陆发生的重大事件最终也将荷兰人从台湾驱逐了出去。1644 年，中国历史上的最后一个汉族王朝——明朝覆灭了。从北方入侵的擅长骑射的满族人建立了清朝。但这次朝代更换并不是在短时间内就完成的。许许多多的图书、小说、戏剧、电影都讲述了那些效忠明

郑成功率军与荷兰海战场景

朝的人撤到南方后仍企图“反清复明”的历史故事。

在这些效忠明朝的人中有一位有钱又有势的人：郑成功。郑成功的父亲是福建一位富有的商人。据说，郑成功的父亲统率着一支拥有3000海船的舰队。他的贸易范围一直延伸到日本。郑成功的家世使他能够在和反清复明的人结盟之后航行到台湾，发动与荷兰人的战争，赶走荷兰侵略者。此后，他在这里长驻，鼓励垦荒和田，大力发展生产，兴办学校，促进了台湾的发展。后，郑成功之孙归顺清政府。

在之后200年的时间里，清朝给台湾任命了一位总督。欧洲列强用尽各种借口向清朝索赔，而赔款的方式往往是使清朝被迫在贸易上妥协，或接受一些无耻的不平等条约。在有关鸦片战争的历史中你可以读到关于这些事的更详细的描述。

日本的殖民统治

如果你想一想历史上因台湾而起的政治纠葛有多少，就不会奇怪清政府为什么在中日甲午战争中被日本击败后，在没有和台湾人民协商的情况下（根据《马关条约》）就把台湾割让给这个邻国了。

也许是在皇帝的暗中支持下，有一个台湾人的代表团马上宣布台湾成为独立的共和国，但是这次行动注定要失败。日本人在基隆登陆，然后系统而快速地向南推进。日本人不是什么善良的殖民统治者，但是做事却很有效率。他们把所有天皇政府曾经想做而没有做的事情都做了。历史学家认为，这是因为刚刚从封闭中解脱出来的日本力争要赶超西方，而且要把台湾作为他们的示范殖民地。他们修路，建学校，修隔离检验站，建铁路线，发展各行各业。农业和计划性的林业、采矿业、钢铁生产业都成了当时主要的行业。

而为此付出代价的是台湾人民。日语成为学校里的教学语言；所有和政府的交往都必须用日语进行，即使政府职员是台湾人也得这样；秘密警察不断地瓦解任何争取台湾地区独立的活动；台湾地区的士兵被招募到海外为天皇军队做苦力；台湾地区妇女被送去“慰安”日本士兵。“二战”期间，台湾地区士兵最远到达中国东三省、印度尼西亚这样的地方，被迫为日军服役。当时有这样的说法：如果一个台湾人在被占领期间死了，他会希望他的棺材在一把黑伞的遮盖下被送进坟墓，因为这样他就不是被埋葬在日本的太阳下。

与此同时，中国大陆的政治斗争愈演愈烈。1911 年，孙中山推翻了满族人建立的清朝；1912 年他宣布建立中华民国。以及此后的军阀混战，中国人民遭受了无尽的苦难。这种状态一直到 1949 年中华人民共和国成立才结束。此前，中国战争不断。

孙中山先生雕像

这段时间中国的政坛出现了一位重要人物，即中国国民党的领导人蒋介石。他是一个老奸巨猾的机会主义者。他与当时中国最有权势的家庭之一联姻。他妻子的姐姐是孙中山的妻子，哥哥、姐夫是姓宋姓孔的，都是当时世界上最富有的人。他所培养出来的关系网、装出来的西方架势以及坚定的反共立场使他从美国国会获得了源源不断的支援。在那些年里，美国国会一共为他的事业提供了几十亿美元的帮助。当国民党军队全线撤退而让中国人民陷入日本人统治的时候，美国也没有中断对蒋介石的支持。美国组建了一支著名的以中国西南为基地的飞行中队——飞虎队，通过空中扫射和轰炸来打击日军；还建立了一条飞越喜马拉雅山山巅的从印度到中国的空中补给线。

随着战争接近尾声，美国制订了一个通过占领台湾进行越岛作战的计划。这个计划的问题是

台湾地区九份小巷

这里只有三个可用的港口。但是，台湾的战略性位置以及它能为蒋介石提供有效供给并切断日本供给线的能力使这个计划变得非常有意义。由于美国国会中有许多人对“蒋司令”（也因为他剃着光头而被戏称为“The Gismo”或“花生”）怀有戒心，否则这个岛当时就会成为美国的一个托管地。但是，这个计划被麦克阿瑟将军抛弃。他已经向菲律宾发誓“我会回来的”，并保证首先解决菲律宾的问题。结果，台湾被炸得七零八落。

山姆大叔的到来

1945 年 8 月，日本在密苏里号宣布投降。台湾也因此重新回归中国。摆脱了日本奴役的台湾人民向往着成为自由中国一分子的美好前景。但是，中国却不太平。“二战”后，蒋介石立即发动了对共产党的进攻，而共产党此时得到了斯大林的支持。中国人民成了蒋介石搜刮民财聚敛财富的受害者。

同时，国民党似乎对台湾缺乏战略眼光，认为台湾人民是日本的同情者，应该没收他们的财产。蒋介石派出了一位不够圆滑的将军来办这件事。这位国民党将军担任了台湾省省长，有目的地离间了国民党同这里人民的关系。而美国和联合国的官员们只能迷惑而震惊地看着这位新省长的所作所为。由于美国国务院官员对蒋介石的批评遭到国会中反共产主义力量的遏制，台湾的形势不断恶化。

台湾人民日益强烈的怨恨终于在 1947 年的 2 月 28 日爆发了。几十年的时间里，人们私下里都把这一天称为“二二八”。那一天，国民党政府的两位收烟酒专营税的收税员向一位木板上摆着香烟和零钱的街边叫卖的老妇女走去，他们没收了老妇女的商品和钱，而且还对老妇女大打出手。愤怒的民众聚集到一起，而收税员则向这群徒手的民众开枪射击，并就此开始了长达 6 个星期的血腥屠杀。在这次事件中，一共有 2 万名民众被杀。台湾省省长因此被蒋介石政府召回。但是，死亡数字在报告中被人为地减少，政府下令从此不许再提此事。（编辑注："二二八"事变充分体现了广大台湾同胞的光荣爱国主义传统，是一场伟大的爱国民主自治运动，是当时在中国范围内兴起的反专制、反独裁、争取民主运动的重要组成部分。）

1948年，台湾突然开始受到了国民党的重视，因为蒋介石渐渐意识到台湾可能是他唯一可以退守的地方。他从中国总统的位置上退下来（但保留随时可以上任的权力），退居到台湾，分散一部分国民党军队支援到台湾（地区）。

随着毛泽东领导的共产党军队在中国大陆取得胜利，200 万大陆人渡过海峡涌入

台湾海峡

台湾；他们中大多数是士兵和士兵的家属。他们厌倦了战争，怨声载道。他们一无所有，除了旧统治中的革命与腐败以外他们一无所知。他们来自各个不同的省，有自己的习俗、传统和饮食习惯；他们说的方言加起来有 10 多种。原来已在台湾的中国人认为这些人是外来者，不喜欢他们的粗俗，也不喜欢他们给岛上的资源带来的负担，因此把这些人称为"外省人"（从别的省来的人）。

这使蒋介石对一些事情有了更清楚的认识。他认识到如果他继续欺压台湾人民，任由他的亲信中饱私囊，而且不发展当地的经济，他的支持者——美国就再也不会支持他了。如果没有美国的支持，他的事业也就完了。英国已经在外交上承认了中华人民共和国，而他的党派在联合国得到的支持越来越少。从大陆撤退过来的好几十万的士兵无事可做，也不愿意永远无事可做；如果他不小心的话，他们就会起来反对他。而且，当地人也不会对推翻日本统治以来的第一次急剧的经济恶化坐视不管的。那些因反对国民党而被放逐到日本或美国的政治人物也开始争取"台独"。国民党严厉地打击在台湾的"台独"活动。

蒋介石强力而精心地开始了发展台湾的行动。在"戒严令"下，台湾的经济得以蓬勃发展，田地也被重新分给农民。台湾开始创办公有企业以吸引多余的军人。这些企业集中在大型项目和行业上（蒋介石的家人和亲信更容易在这些项目和行业上获利），如建筑业（荣工）、钢产业（"中国钢铁"）、造船业（"中国造船"）、电力业（"台湾电力公司"）、酿酒业（烟酒专卖）、旅游业（"中华航空公司"）。这些企业被称为公家机关（公有企业）。

当时有 4 万人被投入到一条不具有任何战略目的的、东西走向的观光公路的艰苦建设中，好几千人在塌方和隧道坍塌中丧生。公立学校也被建立起来，给当地的学生讲授中国的历史、地理、语言、思想，为"光复"大陆做准备。台湾当局这样做的意思基本上是："我们可以建设自己的繁荣富强，但是我们不能容许对国民党路线的背

离。”一座政治监狱在绿岛上建起来了。那里条件恶劣，逃跑是不可能的。现在这个岛屿对游客开放，岛上有个牌子简单地写着“献给那些为被关在岛上监狱里的孩子而在长夜里哭泣的母亲们”。

一直到最近，人们才被允许公开或私下质疑这个立场的真实性，才能通过选举选出相关部门。这在之前被认为是对在 20 世纪 40 年代被选举出来的年事已高的官员的威胁。有故事说，在 20 世纪 80 年代进行选举的时候，这些老官员们有的坐在轮椅里参加选举，有的躺在医院的病床上一边打着点滴一边参加选举。

20 世纪 50 年代和 60 年代，大量的美国军事、经济、发展援助被投入到台湾。台湾的经济也从到台湾来执行任务、休闲度假的美国士兵所带来的美元中受益。轰炸越南北部的 B–52 轰炸机是从台中的蒋经国空军基地起飞的。台湾的经济获得了长达数十年的快速稳定增长。

莲池潭

孤立的台湾

接着，台湾地区遭受了几次“外交”打击。第一次是由于亨利·基辛格和理查德·尼克松的“乒乓外交”。他们打开了通往中国大陆的大门，签订了1972年的《上海联合公报》。公报很简短，但却至今仍影响着三者之间的关系。台湾地区是中国的一部分，因此台湾问题是中国内政问题。这就葬送了“台独分子”希望美国有一天会支持台湾地区独立的希望。美国承认台湾问题是中国自己的问题，这就意味着如果中国要收回台湾地区而对台湾地区进行攻击的话，美国是不会插手的。

第二个打击是美国总统吉米·卡特于1978年11月，断绝与“中华民国”（台湾）的“外交”关系而与中华人民共和国建立外交关系。“外交”上的孤立使台湾转而采取了“金元外交”政策。10个主要的基础设施项目已接近完工，而更多的项目正在计划中。这使台湾成为更具吸引力的投资场所，给“友好”国家的公司带去大宗的合同。台湾已成为廉价产品的一个主要生产基地。当地还鼓励对工厂投资和进行行业更新。新台币（NT$）的价值被控制在较低的范围内以鼓励出口而抑制进口。这样做的结果就是“国民生产总值”得以保持两位数的增长。

20世纪80年代是台湾地区经济、社会和政治变革的一个重要时期。这种变革从

保留“戒严令”和蒋经国的上台开始。正如几个世纪前的郑成功家族一样，蒋介石也把自己的位置传给儿子。这件事并没有遇到有效的民主力量的反对。台湾地区禁止任何与中国大陆的来往，违反的人会被关进监狱。汇率保持在大约40新台币兑换1美元。

但是，10年之后这一切结束了。一位在台湾出生的国民党人——李登辉当上了台湾地区领导人。“戒严令”被废除了。各种把国民党描绘成坏人的历史书先是在黑市上出现，然后逐渐地被默许出版，这包括斯特林·西格雷夫关于蒋介石的《宋家王朝》译本的出版。党团联盟中来自各草根党派的反对者经常和“立法院”的其他成员大打出手（用真的拳头）。人们开始公开讨论“二二八”事件。和中国大陆的合法交往也开始了。这正好让那些年事已高的（几十年前来到台湾地区的）外省人有机会再回他们的老家和留在老家的亲人见最后一面。而且，新台币和美元的汇率猛增到25元新台币兑换1美元，上升幅度达到60%。

20 世纪 90 年代，台湾地区面临着处理历史问题、促进未来发展的艰苦挑战。在 35 年的“戒严令”统治下，只要人民在政治上保持沉默，当局可以做所有的事情，也可以无视所有的事情。城市环境在无市政规划的情况下发展。交通和工业带来的污染使城市灰头土脸，空气污浊难闻。尽管腐败没有几十年前那么严重，但仍然广泛存在。

但是到了 20 世纪 90 年代中期，反对派候选人、被支持者称为“阿扁”的陈水扁当选了台北市市长。变化加快了。这位在台湾出生的从政者是国民党的反对者。他清理城市，要使台北成为一个更适合居住、更让人感到舒适的城市。在陈水扁转而当任台湾地区领导人、由马英九担任台北市市长后，这种改进继续发展。陈水扁虽然最终把国民党出了台湾地区领导人的宝座，但这种反对派的统治并没有延伸到“立法机构”。“立法院”依然被国民党和亲民党控制。由于陈水扁的几次错误，经济的下滑及反对他的人的增多，陈水扁的统治也岌岌可危。

这时由于台湾地区未来的经济越来越依赖中国大陆，20 世纪 80 年代末期以来，双方恢复贸易，但必须通过第三方的港口进行，特别是中国香港地区和中国澳门地区的港口。直接的贸易也在缓慢地发展。1997 年，福建的福州和厦门两个港口与台湾地

恒春半岛

妈祖庙

区的金门和妈祖之间的船运被合法化。根据 2001 年的一项协议，高雄和福建的这两个港口之间也开始进行船运业务，尽管规模很有限。当时的“领导人”陈水扁和他的竞争对手都赞成废除两岸之间贸易交往的限制，因此，在这方面以后一定会有更大限度上的开放。

现在台湾地区和中国大陆之间有直拨电话，也已经有直航航班。这大大方便了 50 万在大陆生活和做生意的台湾人。

人们对中国大陆和台湾地区的关系看法不一。你在表达自己的观点之前，最好先完全了解说话的情境和谈话对象的政治立场。即使是一个长期居住在台湾的外国人的有水准的观点，也会被曲解成帝国主义的屈尊俯就或缺乏同情心。在谈论政治的时候，外国人最好是听别人谈或问问题，而不要发表他自己的观点。

台湾地区虽然现在还没有和祖国大陆统一，但它一直是属于中国的。它仍然是一个自由的、让人兴奋的生活和做生意的好地方；仍然能给你带来丰富的文化体验。在许多地方，在许多方面，它仍然是一个“美丽的岛屿”。

传统的重负

中国人民的悠久历史是中国人文化自豪感的一个重要来源。正是从这样的历史中发展出来的传统赋予了中国人自我的身份意识。在 19 世纪中期到 20 世纪中期中国沦落的阶段里，是中国的传统支撑着中国人的自尊。在外交和战场的失败中，在残暴军阀的洗劫和腐败官员的摧残下，在东西方野心勃勃的新生帝国主义的剥削下，中国人只有回首历史才能感到安慰。

孔庙

但也正是这同样的历史，以及这几千年的历史所积淀出来的传统，沉重地压在了每一个中国人的心头。历史定义了他们同精神世界和物质世界的关系，也定义了他们的社会、家庭、商业和政治关系。背离既定的行为方式就会被归为异类，被侮辱，被斥责，被嘲笑。台湾人民完全地、而且几乎是专一地认同他们的中华文化传统。

例如，在美国出生的中国人有的会反抗这样的传统，有的会真正地觉得他们的心依旧怀着中华传统。但无论如何，他们所受的西方教育会让他们被当作不纯正的中国人。这一点经常使他们在融入中国社会的时候感到困惑。一直以来，台湾人都认为自己首先是属于中华文化的，而国民党的文化灌输更强化了这种文化认同感。

你可以通过学习中国的传统而变成一个有知识的“野蛮”人，但他们永远不会把你看成是和他们真正平等的。有些中国人会这么问外国人:“你为什么要和我们平等呢？你们不是自认为高人一等吗？”对于中国文化传统中的一些不一致之处，中国人常常会对外国人说“你不明白”，也就是说外国人不懂文化问题的微妙之处。如果你能广泛深入地研究台湾地区的文化传统，你就可以把这种困惑减少到最低限度。有意思的是，影响台湾地区的三大传统大约都是在公元前 5 世纪产生的。其中两个传统起源于中国大陆，另一个来源于印度。

儒家思想

孔子于公元前 551 年出生于北京东南的山东省，是一位教育家和思想家。他被中国人尊称为“孔圣人”或“孔夫子”。他的学说为多本书籍所记载，现在统称为《论语》。他学说讲授关系以及通过有意识的努力去保持关系的重要性。所有的人、所有的事物都有其生活的目的和地位；如果人们都理解自己的目的和地位，并且履行好职责，社会就会和谐。他婉转地将此表述为“仁政”和“己所不欲，勿施于人”的思想。宋朝时（960—1279年），发展出了一支采纳了道家的冥思及炼金思想的新儒家学说。

儒家通过有意识的“正确行为”（别人的定义）所达到的和谐正是哲学家们及帝王们所追求的有益结果。如果你没有认识到自己的地位而且行为不规范，那你就是没有受过正确的教育。如果你有意地忽视自己的职责，那你就是走上了歪路。例如，为人妻而不行妻之道，为帝王之子而不行帝王子之道，那就会严重破坏社会的和谐。正确的关系就是要顺从长者的需要和命令（帝王要顺从天意）。这种无私的孝顺（奉献）相当于西方的“filial piety”（孝顺），尽管这个词只局限于家庭关系。

台湾人的关注单位是家庭。家庭是一个自治、自律的单位。有什么问题都是在家庭内部解决。如果个人有自己的想法，那他 / 她就得在行动之前先获得全家人的认可。

因此，台湾人并不具有什么市民意识，而是专注于家庭的利益。对于“慈善始于家”这句话，我们应该加上“慈善也止于家”，这样就更符合台湾的情况了。

不论是关注团体还是关注家庭，都没有什么不好。日本的公司有西方公司所没有

台湾佛光寺

台湾中山禅寺

的集体目的，而台湾则遍地是家族企业。

即使是现在，社会等级以及等级内部必须的尊敬都体现了正确的关系：如夫妻之间、父母子女之间、老师学生之间、老板与秘书之间、政府与人民之间、老人与年轻人之间、死者与生者之间等。与这些关系紧密联系的是对行为、仪式、送礼、给面子的期待。年轻的中国人有的（也许是自孔子以来的每一代人）会对这种传统的枷锁感到恼怒，他们会因此被称为"不孝顺"。一直以来家长们都会采取严厉的惩罚措施来把孩子带回正路，以免他们走上歪路。

儒家传统的另一个文化后果是不把个人当成社会的单位。在西方"民主"传统中，社会是由个人组成的。西方社会的神秘的个人英雄（他们的身上也有人类的弱点）可以挑战自然，挑战上帝，而且有时候会获得成功。在中国则不是这样。护送唐三藏到印度取经的美猴王孙悟空就挑战了众神，结果是受到菩萨的惩罚，被戴上了紧箍咒。他一旦过于顽皮，紧箍咒就会让他疼痛难忍。在以儒家思想为正统的社会里，你只是另一个单位的一部分，这一点你一定要记住。

儒家学说不是一种宗教，但是，在台湾地区和中国大陆却有许多孔庙，而且庙中有各种敬拜孔子的仪式和典礼。其中，有许多是把孔子奉为大教育家来敬拜的。和古代中国一样，在现在的台湾，通过学习仍是获得成功的一条重要通道。父母往往会敬拜孔子祈求保佑孩子学业成功。把孔子当成学业和官运的保护神来对待是肯定不会错的。

佛教

释迦牟尼是孔子的同代人，是印度北部接近尼泊尔的一个王国的王子。他年轻的时候喜欢贵族活动，如射箭、骑马、管理国家，但并不感到满足。他认为人类受着苦恼的折磨，于是寻求深刻地理解苦恼。这使他踏上了一条历经千辛万苦、经受肉体和精神的考验的道路，并在最终走完这条痛苦的道路之后悟道。他通过他的弟子向世人布道，认为欲望是痛苦的根源，人类应该怀着怜悯之心走完八层的道路以达到悟的境界。而这八层的道路只有在经过百万年和百万次的重生才能走完，才能达到悟的境界。

佛教从印度传到斯里兰卡、印度尼西亚群岛，向北传到中国西藏，向东到缅甸以及更远的地方，并逐渐发展出不同的教派。公元 1 世纪左右，佛教传入中国，并约在达摩到来之后兴盛。达摩约于公元 500 年在少林寺建立禅宗。他的教义包括静思、锻炼和内省。在日本和世界其他地方，禅宗通常被称为 Zen（禅）。少林寺也是中国一个著名的武术派别的起源地。

佛教在中国的作用和天主教在欧洲的作用一样，只是佛教没有天主教的十字军东征和宗教裁判所。在历史上，佛教或得到帝王的重视，或被帝王摒弃，或拥有良田万顷谷仓万座，或成为通过阴谋和军队为自己获取权力的工具；有时也获得大量钱财。中国佛教寺庙的供奉对象扩大到了许多的捐助佛教和依附佛教的人。

不管你对佛教是什么概念，你都会对在台湾所看到的现象感到震惊。

高雄县佛光山

正在挂福牌祈求保佑的人们

大多数西方人对佛教戒律和淡泊观念的了解都来源于禅宗的苦行和泰国宗教的虔诚。但佛教对于台湾人来讲则是对苦难和不安的解脱。他们拜慈悲菩萨观音，但同时又毫不慈悲地追求给他们带来矛盾与苦恼的任何目标。他们拜佛保佑生儿子、保佑嫁给有钱的老公、保佑入学考试考出好成绩、保佑后妈能温柔一点，但从来不停下来想一想佛教讲的正是这些欲望给他们带来了不安和苦恼。佛寺也纵容这一类香客，这一点将在后面作更详尽的介绍。

台湾有正规的和尚庙和尼姑庵。僧人一般都在有捐助人捐助和支持的寺庙工作。台湾大多数饭店会在床头柜的抽屉里放一本《佛义》，放在《圣经》的上面。这是一个阅读和大体了解这一传播广泛的宗教——佛教的教义的好地方。

道家学说

老子比孔子早几个世纪出生（编辑注：此说尚无定论，或说二人为同一时代人），是一位任性而热爱思考的人。他曾是皇家档案馆的一位有学问的管理员，但意见与帝王相左，因而流放自己。传说，在他离开自己的国家，经过最后一个关口的时候，守关的士兵曾与他搭话，乞求能将他的教义记录下来。这个教义就是《道德经》。今天我们是通过《道德经》来了解老子的思想的。他的哲学被称为“道”，即道路之意。

西方人认为，道家学说是以静心修炼和对自然的崇敬为核心的。但是，和儒家学说一样，人们会发现在台湾道家学说的实践与道家的观念相去甚远。这是因为台湾既有作为宗教的道教，也有作为哲学的道家。尽管许多台湾的道学家们不愿承认，但这两者之间其实有重大区别。道家的哲学家们，向来都避开那些想以宗教方式表达道家思想并以此与佛教竞争的道士。同样的，他们也避开有组织的儒家社会。即使在今天，他们也是独自在幽僻的深山寺院中静心修炼。

道家学说主要探究变化。道家认为万事万物都在变化之中，而且变化是永不休止的，这就是“自然之道”。如果一个人理解了自然之道，能够专心观察自然，就能与自然和谐相处。而与自然和谐相处就是探索自然无穷的资源。道家学者们在探索自然之道的过程中也许使自己成了最早的实验科学家。通过几百年来各个学派的摸索与有记录的实验，道家学者们阐释了科学的基本理论和实践。

道家是一门由一些本着实用的目的追求健康长寿和修身养性的人发展起来的实用性的哲学。这些人中有许多成了在中国最受尊敬的内科医生、科学家、诗人、艺术家、发明家。只是由于受儒家的地缘政治优越感的影响，以及对商业及道家自我隐居的鄙视，中国没有充分利用这些发明来获取更大的世界效应（指南针、火药、石弓等只是他们发明当中的一部分）。实际上，在耶鲁人类学家布鲁斯·霍尔布鲁克的《石猴》一书中，他认为道家的科学理论在整体视野、人文性及预测宇宙等尚未为人所了解的进程方面胜于西方科学。道家的思想渗透到台湾人民生活的方方面面，因此花上一些时间去了解道家思想是很值得的。

万物有神论及其他神灵

除了以上介绍的众所周知的、正式的宗教和哲学外，台湾人还信奉许许多多其他神灵；有的神灵相互间还有所联系；台湾人认为这些神灵都影响着人的世界。也许是

关公是台湾人普遍供奉的神灵

来源于道家学说，也许是因为台湾人历史上曾经以农耕和捕鱼为生，他们赋予土地以神的力量，称之为“土地公”，这就是中国人的土地之神。在地头、坟边、庙旁，经常可见给土地公烧金纸用的小石台和烧纸的石炉。

台湾的另一位重要的神是“关公”，即战争之神。关公同时还是生意人的保护神。这迎合了台湾这样一个军事与工业均纷繁复杂的社会的需要。在众神之中，佛祖位列第一，之后依次是观音、关公、妈祖（妈祖是渔夫和孕妇的女保护神）。每个小镇都会有一座（或多座）庙宇，里面供奉着一位“神的使者”，起着百姓与“大老板”（通常是上面提到的四位神中的一位）沟通的中介作用，并保佑信奉者的福祉安康。

另一类据称对人的财运与健康有直接影响的，是那些没有化身的神灵。据说人有两种魂：魄是阴魂，在人死入葬后住在地下（阴间）；而灵魂可以到佛祖的地狱，也能被迫离开身体在世间行走。被忽略的灵魂或成为鬼（鬼或恶魔），甚至成为饿鬼（饥饿的鬼）。

木雕佛像

鬼能够给活着的人带来灾难。但是为什么鬼会被忽略呢？据说，这是由于家人对已死去的祖先的忽视，即没有进行适当的祭拜，没有提供食物、衣服和钱，因而导致这些幽魂发狂；这种说法是儒家学说的后世观在现实生活中的体现。后代应该保留已去世祖先的牌位（上面刻有他们的名字），有时也在家族的祭坛上贴上他们的照片。后代至少还应该给他们烧香祭供品。

“灵媒”

台湾也有自己的灵媒，在闽南语中称为“童乩”。他们或男或女，但都是由当地信奉的前文提到的神的使者挑选出来作为面向人间的传话筒的。被选中的“灵

媒”别无选择，有的会离开该镇以躲避这样的职责，但大多数人还是不得已地服从。大多数的小镇不会承认拥有“灵媒”，但“灵媒”是确实存在的。

如果有人遇到长期无法解决或反复出现的问题，而且已经用尽其他方法，那他就有可能请来“灵媒”。一旦灵媒进入神灵附体状态，他就会描述问题所在，而灵魂就会揭示解决问题的办法。也许是某个饿鬼进入到了他们的生活中，需要适当地对这个饿鬼进行安抚；也许是某个夭折的一直未能有机会结婚的女孩成了老处女，在自我怜悯中捣乱别人。尽管少见，但阴婚还是会发生；也就是在命运的强迫下某个活人被介绍给这位女孩，这个人和代表这个女孩的木偶正式拜堂成亲。这样的婚姻没有法律效应，但新郎必须从此把女孩祖先的牌位供奉在自家的供桌上。（编辑注：此系迷信。）

在寺庙中

到现在为止，也许你已经猜到台湾的许多寺庙不只供奉一种神或信奉一种信仰。当然只供一种神的寺庙是有的，但说大多数寺庙深受至少两种本章开头提到的教派的影响就比较符合事实了。那么，台湾的寺庙是什么样子的呢？

和西方的天主教堂不同，在台湾的寺庙，你不能从正面的大门进入，然后沿通道径直走到神坛前。你必须从边门进去，进去后是一个石院子，在这里各面主墙和门的檐顶都清晰可见，而且柱子和屋檐通常都以雕龙装饰。

走过石院，再走上大约六级台阶就到了主门的门槛，但这仍然不是正对庙内供坛

烧香祈福

的中门，而是左门或右门。大门通常以鲜艳的颜色和写真的笔法画有面目狰狞的门神。你得把脚抬到 1 英尺（0.3048 米）高才能跨过门槛进入寺庙的主院落。

你到现在为止所看到的建筑和装饰细节都可以被当作是“安全措施”来对待，就像银行也会采取安全措施来防盗一样。传说，鬼不能抬脚跨过障碍，不能向左转或向右转，而且走路时双脚必须永远着地。而且，鬼还害怕面目狰狞的恶魔，也害怕在镜子里看到自己。没有哪家寺庙会愿意受到这些不吉利的鬼魂的干扰，因此采取了这些安全措施。

从右门进入主院落，你可以看到一扇窗户，透过窗户可以看到庙内销售的香、红烛和金纸。你的左边就是主院落。台湾的老老少少（其实主要是中年或老年的妇女）都在这里拜神祈求保佑。这是一种色彩丰富、香味扑鼻，而且很感人的景象。奶奶在教着孙子怎么祈求保佑，怎么鞠躬；也许有一两个人眼里流着泪；有些人则在静思。这里有一种在外面的街上看不到的肃穆的气氛。

庙中的香客

根据问题的严重程度或请求的大小，拜神的仪式也有大有小。咱们来把这一整套的程序过一遍。你前面的一位老太太在买香、蜡烛和金纸。她的手上端着铁盘子，盘子里装有莲雾，她已经在院子里把这些莲雾放在盘里洗过了。她走到与主门的墙平行的长桌前，放下盘子，盘子里的食品就是供品。其他人已经在桌上放了各种水果、煮熟的鸡和其他食物。她走到桌子两端的烛台前，点燃一支镀有金色汉字的大红烛，然后把红烛插在一个空的烛台上。她用烛火点燃三炷香，走回供桌的中部，站在蒲团的后面。她站着祈祷，双手握着那三炷香高举到额前，然后弯下腰，鞠三次躬。接着她跪下来，再祈祷，再弯下腰鞠三次躬。她站起来，把香插到有木炭架那么大的香炉中。

龙是吉祥的象征，用来助寺庙辟邪

她再一次走到供桌一端，拿起两个形状和大小都像苹果瓣儿的木块。木块漆成红色，一面是平的，另一面是圆的。（这是神木块，是台湾人用来与神灵沟通的基本方法。）她在心中默念着问神的问题，然后抛下木块。如果两个木块都是平面着地，那神的回答就是“否”（你可以把他理解为直接拒绝）；如果一块圆面着地摇动着，另一块平面着地，那神的回答就是“是”；如果两块都是圆面着地，咯咯直笑，那就是神在笑这个问题——请重新表达你的问题。

她走下台阶来到院子中间，院中间的前方是一个三脚的大铜炉，周长有一米多。袅袅青烟从炉盖下面升起，送出甜甜的香味。她在这儿点燃三炷香，然后祈祷，鞠躬，把香插到香炉中。她走上台阶，走进主殿；殿中是主神的镀金雕像，为红色灯光所笼罩，左右都有护卫。她再一次烧香祈祷。然后她走向殿外主拜区最左边的金纸炉。炉火很旺，一下子就把她给神的“天国储蓄户头”存的一叠又一叠金纸钱全部烧掉。她拜佛完毕就到与主拜区相连的一排专门供奉孔子的房子中——勤学殿——去看

寺庙的龙形飞檐

儿子。

你可能会看到几个大学生模样的女孩走进主院落。她们每人烧三炷香，祈祷，鞠躬，然后把香插到香炉中。接着她们走到一个状如大铜伞的台子前，台上放满又细又长的竹签。由于不停地有人使用，竹签已变成暗棕色。她们轮流把大把的竹签抓到一起，举高，晃动，然后撒手让竹签掉到台子上，反复地做直到某一根签跳出来，她们就抽出这根签，记住签上的号码。每个人都抽完以后，她们就到墙边一排带号码的小抽屉里找每个人的签对应的彩条，彩条上写着她们的运气。

寺庙是促进人神沟通的交流中心。但人们寻求的通常不是与神的沟通，而是请求神帮助解决人间的问题。在这一方面，世界上其他地方的人也许和台湾人并没有什么区别。在下一章里我们要探究中国传统的重负是如何影响你的台湾朋友的日常生活的。

第三章

台湾人

“乡愁是一湾浅浅的海峡，我在这头，大陆在那头。”

——节选自余光中《乡愁》

路标

面子：给你你就应该要

关于面子以及中国人是如何重视面子的问题，已经被许多文章所谈论过。这个词来源于中文里指生理的脸的两种说法。一个是指某个人“丢脸”，另一个是指某个行为“没面子”。奇怪的是，人们很少说得到面子这样的话（特别是为自己得到面子）。“面子”这个词似乎总是用来指失去面子。

面子是一个人对自己，对自己的地位、教育、职业、祖先、家庭和成就的一种无法表达的骄傲感。简言之，就是对“自我意识”的自豪感。这是主观的价值观念的总和。这种骄傲感不可言，是因为谦虚使你不能对此加以炫耀；也是因为在中国人的观念里骄傲、自满和失败是紧密联系在一起的。“Pride before fall”，对应的中文就是“骄兵必败”（骄傲的人必然会被打败）。面子只能被间接地提到，而且最好是用行动来体现，而不是用语言来表达。说自己很有面子的人是靠不住的，而且他会因此而被蔑视。一个人如果通过行为（不管是做任何事情）来体现自己的伟大，那他就很有面子。

羞耻

中国文化是建立在羞耻之上的，也就是说，中国人规范自己的行为是为了避免使自己或自己的家人受到别人的蔑视；这个别人可以是自己家里的其他成员，也可以是自己所属的社会群体。父母从小就给孩子灌输这样的思想。正是由于怕失去面子（感到羞耻），人们才在和自己圈子里的人交往的时候循规蹈矩。也就是说，如果他们和圈子外的人在一起（如外国人或外人），他们就不用担心面子问题了。因此，当周围没有自己认识的人的时候，他们就会举止粗鲁、低俗（比如说夹塞、乱扔垃圾等）。

面子的等级

别人的面子可以直接地提到也可以大方地加以表扬。但是注意，儒家的等级观念在这里也起了重要作用。如果你是上级（老板、老师、父亲、顾客等），那你表扬自己的下属就是给自己面子。如果你是下级（雇员、学生、销售员），想通过赞扬上级来给他们面子，那你就会被认为没有自知之明（不知道自己的地位），或被认为是在阿谀奉承。中国人用两个生动的词组来描述这种人和这样的行为：这是一个喜欢“拍马屁”的“跟屁虫”。下级可以通过让上级指导你或在别人面前给你面子而让上级得到面子。上级通过给你面子而得到面子，而你通过退让得到面子。

面子的儒家等级观念在定义家庭结构的语言中体现得最为明显。每一个通过不同的枝节延伸出去的家庭关系都用一个不同的词来表示。如“哥哥”和“弟弟”就是两个不同的词。“祖母”（爸爸的妈妈）和“外祖母”（妈妈的妈妈，字面意思就是“外边的奶奶”）不但在语气上不同，在等级上也有明显差别。而“先生”这个词就更明显了：先生就是“先出生”的意思（或“第一个出生的男性继承人”），全家的希望和未来都寄托在他的身上。相反，“小姐”意指“小的姐姐”。如果你和台湾的同辈人说话，你就没必要记住这些关系。但是，在每次交谈中你都必须记住你在面子等级中的所处的地位。

一个人只有知道自己的地位而且（根据儒家观念）举止符合自己的地位才能得到面子，才能维护社会和谐（见第四章）。这一章的大部分内容就是要帮助你了解别人会认为你处于什么样的地位及什么样的行为才符合你的地位。

台北夜市

总是在问问题

台湾人很好奇，他们会问熟人、朋友或客人许多问题。回答简短会显得敷衍。比如说你刚下飞机，他们问你旅途怎样，你最好不要只回答“很好，谢谢”，最好加上一些有意思的细节：“这是最棒的一次。我在飞机上吃了很好吃的川味虾。飞机很准时，起飞和降落也都很顺利。”

你也许会被问到一些你觉得被侵犯了隐私的问题，比如：“你花多少钱买的？”“你工资是多少？”“你几岁了？”一方面，不要以为他们问这些问题只是在找话说，他们是想尽可能多地了解你，为以后讨价还价做准备。另一方面，不要以为“不关你的事”这样的回答能够令他们满意或会让他们对你有好印象。你最好这样说：“我买的价格很低，但是商家不让我告诉别人是多少钱。”或说：“我的工资只够让我开始欣赏台湾的一些美景。”

你怎样问问题也同样重要。因为面子，你最好不要问“为什么”，而要问“什么”“谁”或“怎么”。比如：“你能跟我讲讲厅里摆着佛像的那个桌子吗？”这样问问题能让他们给你解释他们的宗教信仰而又不让他们产生质疑。问“我怎么坐公共汽车才能到天母呢”，要比问“我为什么找不到去天母的公共汽车呢”好。

差不多

台湾人经常觉得差不多就行了，这也许是因为如果每个人都为了得到完全符合自己要求的东西而到处问的话那就会丢太多面子。

有位拳击师傅对克里斯说的话给这种现象做了最好的诠释。克里斯从这位老人那儿学了一套拳击的移动动作。做完这套动作的时候你得正好回到开始做动作的位置。但是他总是回到起点靠右一两步的地方。克里斯要求这位师傅帮他纠正。这位师傅说：“没关系！中国没有绝对。”他接着说，在中国和西方接触之前中国的鞋子不分左右脚；每只鞋都可以既穿在左脚也可以穿在右脚。他还举了皇帝作例子。他说，中国的皇帝

台湾的地铁

不是绝对的统治者，皇帝的权力是受命于天的；如果他失去了委任（如果这个王朝正在衰败），那他就可能被推翻。因此，上自皇帝下至百姓，没有什么东西在中国是绝对的。

有两个经常被用的词可以体现这种随和的态度：“随便”和“差不多”。“随便”（按某人的习惯或方便）用来回答关于结构或限制的问题，比如说：“你想吃什么？”“今天喝下午茶我该穿什么？”但是，不要字面理解“随便”这个答案而以为人家只会提供花生和啤酒或会穿短裤和拖鞋去喝下午茶。这是台湾人表示自己很随意、没有什么期待的一种说法。你的主人可能仍然会费心地烹调一顿佳肴或盛装出席下午茶苑。如果这里的人邀请你，特别是在家里招待你的时候，你会经常听到主人或女主人说“怠慢”（菜上得慢了）或“这些菜炒得不好”。作为客人，你不能表示同意，而应该竭力反对他们的说法。

在中国主人家享受一顿下午茶，可能是最好的拉近彼此关系的方式

“差不多”（没有短很多）意思是情况几乎就是所期待的样子了。如果一个商人或下属这么说，那他 / 她的意思就是“这可以被当成所期待的样子来接受”。另外，如果别人问你某个东西是不是你想要的那个，你回答“差不多”，那意思就是“不是，不完全符合我的要求，所以价格上应该降一降”。根据下属几乎完成的那个任务的重要性不同，你把这个词和其他什么词放在一起说的，以及你对他说话的语气，“差不多”可以是给面子也可以是不给面子。它可以表示“面对这么困难的任务，你做得几乎和期望的一样”，也可以表示“这个任务不难，你却没完成”。

当“差不多”用来指自己的表现时，有自己的表达形式。30 年前克里斯在美国学汉语精读的时候，他的一位中国教授告诉他：“不管你中文学多久，汉语说得多好，如果有中国人对你说‘天哪，你中文说得真好’的时候，你不要相信他们的话。”确实，即使现在，当克里斯和一群陌生的中国人滔滔不绝地说中文，然后突然发现自己说错了的时候，中国人就都会马上用中文或英文说“天哪，你中文说得真好”。

在所有会让外国人感到很难的中国文化的各个方面，这个原则都适合。当你把饺子掉到腿上的时候，你会听到他们说“你真的挺会用筷子的”。有时候他们还会先说：

“你要叉子或勺吗？”如果你点了糖醋鸡、糖醋虾、糖醋肉丸子，却没有点汤和蔬菜，他们会说：“你真的挺会点中国菜的！”

他们假装说你做得好是怕你觉得没面子。但是，同意他们的说法或说一些话来肯定他们的说法都是不合适的；你不能说：“是的，我们在家都用筷子！”相反，如果台湾人做东帮你点了个你不喜欢的菜你却暗示他没把菜点好，那你就是不知感激。你应该找些话来赞扬这顿饭，哪怕只是说你还从来没有在一顿饭里品尝过这么多不同寻常的新菜也可以。

人情味——快乐的秘诀

台北繁忙的交通

要在台湾社会里和别人相处愉快，“人情味”和面子一样重要。但“人情味”却很少被写到或谈及，这也许是因为“人情味”比较难以解释。它的意思是“人的感情的味道”，最佳解释应该是符合自己角色的一种真诚态度或是符合儒家谦逊品质的一种魅力。有人情味的人被看作是有素养的人，别人就会愿意帮他的忙。人情味就是给和你接触过的人留下正面的感觉，因为你的信息以一种“高语境”的方式被有效地传递给了对方。

诚意显然是“人情味”的一部分。如果你邀请客人到你的家里，你是否甚至在他们说不想喝茶的时候也仍然给他们倒杯茶呢？如果你没有这么做，那你之前的邀请就不是真心实意的。如果你邀请别人和你一起出去，你是否表现得你真的很希望和他们一起出去，而且一再强调他们一定得跟你一起去？如果你没有这么做，他们就会认为你觉得和他们在一起很烦，所以不愿意和他们在一

“请和我跳舞”

克里斯在台湾上大学的时候，有一次到朋友家参加晚会。他在邀请女孩子跳舞的时候犯了两个错误，结果没人和他跳舞。第一，他的问题不切合当时的身份关系，也就是没有用恳求的语气。他问：“你想和我跳舞吗？”得到的答案永远是“不”。其实比较好的做法是恳求地说：“请和我跳舞。”第二，他没有反复地问，而是每次被一个女孩拒绝就放弃。他当时应该对同一个女孩再问一两遍这个问题，而且语气应该更恳切一点。

起。

中国人一般会拒绝你的第一次邀请，但这并不表示他们真的不想参与。儒家的谦逊道德观教导他们不能显得贪婪或太急切。你必须诚恳地邀请三遍才能得到最终的答案。当然，如果你连续问了三遍他还是跟你说他有其他原因不能参与，那你最好放弃，但要说“下次”一定得跟你去。

送礼时用金色包装，象征吉祥

送礼

赠送和接受礼物的方式都是面子和人情味的重要部分，因此应该谨慎对待。不同的场合要送不同的礼物。

礼物应该包起来。包装纸要符合送礼的场合。红色和金色是吉祥的颜色；白色只能在葬礼上送毛巾的时候用。送礼和接礼的仪式很重要。你应该双手送上礼物，最好手心朝上，正式地把礼物呈给接受者。接受礼物的人也应该双手接礼，欣赏地看着美丽的包装，当着送礼者和旁人的面不停地夸包装好看。

接受礼物的人通常不会当场打开礼物。要求他们当场打开会让他们觉得尴尬。不马上打开是为了给各方都留面子：如果打开了，他们不喜欢礼物，而且表现出来了，那你就没面子了；如果你的礼物比别人的好，那别人就没面子了。虽然他们不打开礼物，但都会说“你不必送这个礼物”。这并不是真的表示你不应该送这个礼物。你应

不能送的礼物

刀子和剪刀。尖利的东西在中国文化里被认为是不吉利的。送任何尖利的或具有切割用途的礼物都暗示要和接受礼物的人一刀两断。

钟和表。钟和表都不吉利。送钟就相当于“送终”。（但是，克里斯的一位中国商业伙伴就曾送给他一个布谷鸟钟，所以也许这种习俗正在消失。也可能这个中国商业伙伴是从外国人那儿收到这个钟的，而他又不想要这个礼物，所以又把这个钟送给另一个老外。）

手绢。手绢容易让人联想到哭泣和葬礼。

毛巾。毛巾通常是送给参加葬礼的人的，所以也有不好的联想。

手拿红包的新娘

该送！送礼就是给双方面子。你的礼物越好，你和接受者就越有面子。送礼的时候千万不能小气。如果你送了个太便宜的礼物，他们就会说你是个不懂礼貌的“外国鬼子”，甚至会说你是个“小气鬼”。

台湾人很实际，重大场合送礼通常不给东西而是给现金。除了葬礼以外，其他时候现金给的都是偶数，而且都装在红包里。红包是一种吉利的红色小信封，上面经常有金字。如果需要送东西，通常要买名牌产品，因为名牌才有面子。以下我们列了一些需要送礼的场合，以及各个场合分别应该送什么样的、多少价值的礼物。关于送礼的更多细节，可以在本书的后面部分所说的庆典及人生重大仪式进行查询。

不同场合的礼物

场合	礼物
到别人家做客	价格在 500~1000 元新台币之间的礼物
毕业	1000 元新台币的红包或刻字的钢笔
订婚	蛋糕
婚礼红包	通常每个参加婚宴的人包 1000~2000 元新台币
乔迁或开业	吉利景象的画（田园、鱼、橘子、财神）
满月	金首饰
满岁	金首饰
探视病人	新鲜水果
死亡	花圈、罐头拼篮或至少 1001 元新台币的白包

道家的世界观

尽管老子是公认的第一个以简洁的方式，或许略带神秘的，阐释了“道”的意思的人，但是其实他只是表达了自传说中的黄帝年代（大约距今 5000 年前）到现在人们一直在思考的一些原则。道的阐释是通过对自然的观察得到的。道学家们由此推断出了宇宙的起源，而他们的推断理论与今天的量子物理理论达到了一致。当时的推断产生了三个解释关系变化的基本概念。

一开始的时候万物归“一”，只有一种能量，一个本原。这种本原就是原动力，被称为“气”。人类的呼吸被转换成“气”，我们就能活着。有一位道家的朋友曾经把“气”描述为“维持万物生存的流”。这种本原接着被一分为二，即阴和阳；阴阳再产生万物。阴代表服从、下降、影子、拖滞、女性化、空虚、面圈中间的洞而不是面圈本身。阳代表攻击、扩张、光线、推动、男性化、充实、面圈本身而不是面圈中间的洞。宇宙中的万物都包含着阴和阳。

八卦是道家哲学的象征

正在道观中祈福的人

例如，硬币有两面，如果一面被照亮另一面就会在阴影中。水是屈服性的，但经过千年即使是地表也会屈服于水。

二进制数字就是在阴阳学说的基础上才产生的。现代的计算机语言就是建立在二进制数字基础上的。阴和阳的互动造就了如今我们环境中的所有自然变化：潮汐、风动、云涌、朝代更迭、自然选择和 $E=mc^2$。

道家学者进一步把变动的元素分成五行。这些元素被放在生的循环和毁灭的循环中，这种循环有点像“石头、剪刀、布”的顺序。宇宙中的每一个物体都有一种代表它及它的相似物的变化关系的行，比如有五种情绪、五种香味、五种颜色和五种感官；甚至人的身体也可以按五行来分类。

最后，当道家的占卜师们迷失在史前的蒙昧中时，他们根据阴阳学说创造了一个解释和预知变化的预言体系。他们创造了一系列的符号来代表这个系统。他们采用某种方法（或抽稻草或掷硬币）预言偶然事件，然后用阴或阳代表事件的结果，并分别用实线和虚线表示。同事件重复三次就形成一个三线的图形，成为一卦，一共有八卦。如果再重复一遍，两个三线图形结合在一起就形成六线图形，共有 64 个各不相同的六线图形。每一个六线图形，即英语中的六线形，都代表变化的一个阶段和每个阶段的不同含义。道家的经典著作《易经》被翻译成英文后这一预言系统就被传播到了西方世界。

从上面的六线形中任取一个为例，如癸（相对）。“相对”在这里可以表示相互矛盾的意见。但也可以表示两极性或功能相对性；如果没有相对就没有定义。这种相对性也许就能让人在做出选择之前从另一个角度去思考问题，然后走上另外一条道路。

药物与健康

中医理论、诊断、治疗和开方都是建立在上面提到的理论之上的。健康的身体阴阳协调、五行和气都因为有足够的营养(包括有营养的呼吸）、运动和静止而得到维持。

■ 脉诊可以判断不同器官处于健康、兴奋或虚弱的状态。中医会把三个手指放在你的手腕上，感觉你的三种脉搏。他也许还会看看你的舌头、眼球，闻闻你的呼吸，看看你的指甲，然后还问问你的日常活动。这样他就能做出诊断，开出方子来。

■ 针灸能找出身上的气流过的所有穴位。在健康的身体上，气能顺畅地流到身体的各个部位。但如果因为疲劳或其他有害影响，气的流动就会被打断或误导，身体的一些部位就可能受到影响。针灸师在诊断之后就会把针扎到病人的身上，以重导气的流向。这样做能刺激受影响的部位，把能量导到应该去的地方。

■ 推拿（推和捏之意）就是西方的针压法，其原理和针灸一样，只在身体的外部做治疗。推拿会有点疼。

■ 拔罐子（杯子疗法）。检查之后，医生会把带有管子和单向阀门的玻璃杯放到病人的身上，然后把玻璃杯里的空气吸空，这样就能把杯子罩住部分的皮肤里的血吸到皮肤表面。大约 5 分钟之后，杯子里会有雾气，杯子表面会有小水珠。这样做就是把影响该部位的坏的气吸出来。这个时候要很快地把杯子拔掉（嘭），然后按摩皮肤，涂上油。最后医生还有可能拿着艾草(一团燃烧的草药）在很接近皮肤但又不接触皮肤的地方轻轻地移动，之后让病人马上穿上衣服。

■ 草药是常开的方子。每种草药都有自己的功效。火虚或火旺开的草药是不同的。开出来的草药可能是研成末的，得用温水送服；也可能是未加工的，得先用陶罐熬成味道浓厚的汁。

■ 普通台湾民众对传统中医理论的理解只停留在民俗的层面。他们会建议你不要喝冷饮、不要被风吹到、不要吃辣的东西等。这都是基于对健身的普遍理解提出的，都是出于好意。你应该感谢他们，问一问各个做法的缘由，然后说你一定会考虑这些建议的。但要注意，虽然内科医生

草药一般都先熬成汤才能发挥效用

们对这些缘由了如指掌，但普通人并不是人人都能记住这些缘由。这些做法对他们已成了预防和治疗疾病的民间传说了。

武术与益寿运动

流行于中国的武术直接受到了上面提到的传统观念的影响，但武术也对现代文化产生了重要作用。在台湾如果你愿意早起，大约 6 点的时候到公园看看，你可以看到男女老少都在练习武术。道家认为树木在凌晨（早上 4 点到 5 点）释放元气，所以这是一天中运动和吸入元气的最好时间。对着越大、越健康、越高、越老的树呼吸越好。

少林拳源自佛家的少林寺，有力量感，动作难度相对较大，很受年轻人的青睐。形意拳以五行互动为理论基础，练习时要专注，动作以线性为主。八卦掌以《易经》的八卦和六十四卦为理论基础；练八卦掌的时候，师傅训练徒弟通过绕圈和旋转反击别人的进攻。太极拳以在运动中使自己的动作与对手的阴阳完全相配为原则，动作缓慢，练习者须全神贯注。

风水

近年来，中国的风水理论开始在西方国家产生了不少影响。汉语中风水就是“风和水”的意思。风水是一种调整个人空间使之与个人的神秘构造相符的微妙艺术。适

中国武术

当安排床的朝向、房子的高度和坐向（与周围的自然因素相配），或在非自然的都市或办公环境加上正确的自然因素就能促进好的气的流动，阻止坏的影响的进入。这样健康、财富和快乐就会随之而来。

意味着成功和幸运的骏马塑像

风水先生在你确定了房子或办公室的地点后被雇来（就像西方的占卜人被雇来找井一样）决定室内的最佳摆设方式。他会问你一些问题，在你房子或办公室的周围走走，不时地使用他的罗盘。罗盘是一个圆形或八角形的木盘，中心嵌着指南针；以指南针为中心伸出许多线（纬度），圆圈（经度）从线的中间穿过，线和圈组成的格子里写着汉字；罗盘的边缘是《易经》里的 64 个汉字和六线形。检查完你的周围元素和地理环境后，他会确定某个方向是否需要引进好的影响，某个方向是否需要引开不好的影响。（如果你还幸运的话）他会告诉你对家具的位置做些变动；（如果事情还不是太糟）他会建议你买一些小物品，如一棵树或一个水缸；（如果情况看起来比较严重的话）他会建议你改动建筑的结构，如改变门的角度或门闩的位置、把墙改成窗户或把窗户改成墙；最坏的时候，他会建议你搬家或把房子拆掉（这还确实发生过）。

台湾人能感觉到你作为西方人对他们的生活原则并不了解，他们还会放大你的这种无知。一个对风水知识一无所知或一点也不相信的西方人到台湾当老板，如果不出什么事的话，他是可以为雇员所接受的；但一旦厄运降临到公司某个人身上或公司身上，他们就不再接受他了。在一开始的时候，他们会在你背后或当着你的面（用你听不懂的语言）对你评头论足，评论你对他们认为重要的事情的认知度和敏感度。如果你和你的助手一起找办公室，那就应问问他对各个地方的风水的看法，并在做最后决定的时候认真考虑他的看法。

以上的观念渗透在台湾人的生活的许多方面，给西方人一种迷信的感觉。但你最好不要把这看成迷信。如果你过了青春期脸上还长青春痘，一个现代的受过大学教育的台湾人也许仍然会跟你说这是“上火”的表现。如果你去看医生并接受治疗，治疗效果可能会让你感到惊喜。

九九消寒农历图

以上提到的所有传统共同从精神上影响着台湾人的生活。如果你仔细观察，你会发现儒家思想主宰着个人和（活着的和已去世的）家人的关系，在某种程度上影响着个人同社会的关系；佛教信仰主宰个人对后世的看法，告诉他今生拥有同情心的必要性；道家学说主宰个人与世界接触时会选择的道路。除此之外，还有其他的精神影响和表现。在庙宇里，这种共同影响表现得最为突出。

农历

中国人在观察天象的基础上创造了农历，一年分为 12 个月。中文的“month”就是月亮的月。因为传统的“农民历法”（农历）以月亮周期为基础，因此一些节日的公历时间每年都不同。农历新年不是公历 1 月 1 日，而是在公历 1 月 15 日和 3 月 15 日之间。算命先生给农历的每一天都确定了适宜做和不适宜做的事情。

生肖

中国的生肖有 12 种动物。西方的星座里每个月都有一个动物，但中国的生肖一年才有一个。中国年的起止是按农历算的。每个生肖都有自己的优缺点，相互有不同的相配度，每年各有不同的运程。龙是最吉祥的生肖。请你读读关于中国生肖的书，了解一下你自己的生肖，遇到别人的时候也问问别人的生肖是什么。

第四章

和当地人交往

“丧尽礼，祭尽诚。事死者，如事生。”

——节选自《弟子规》

当地人给别人的印象

有多少来自不同国家的游客就有多少种对台湾人的印象。我们在远方所听到的、了解到的、被告知的关于台湾的一切，总是无一例外地和我们在台湾所感受到的不同，当然前提是我们要善于接受变化。以为台湾人很矮的人到了台湾后会发现，这一代台湾人由于饮食中蛋白含量的增加已经总体比过去要高得多。以为台湾制造商只会模仿别人的产品的人会发现，台湾已经有了自己的世界级的高科技产业，如聚合体和半导体的生产。以为台湾人难以预料、诡计多端的人到了台湾，要么会加深这种印象，要么会改变着这种印象，这要取决于他是否愿意审视自己的文化以及他是如何理解台湾人的。记住，你是个游客，这儿是他们的家园，你是去了解而不是改变这个地方的。

西方人经常说一句很缺乏想象力的话，那就是：“中国人看起来都一样。”尽管事实并非如此，但西方人要经过很长时间才能分辨出来自中国这么辽阔的一个国家的不同地方的人在身高、骨架、面容和态度上的细微差别。台湾社会里有台湾高山族、从福建移民来的台湾人和“二战”后从中国大陆来台湾地区的外省人。由于不同种群之间的大量通婚以及饮食变化对新一代台湾人身高的促进，要分辨他们之间的区别确实很难，但也不是不可能的。这里没有全能的能过滤你所看到的一切的筛子，我们如下要给出的只是一个不全面的指南，是根据台湾地区人对自己和对其他地区中国人的描述总结出来的：和中国大陆的北方人相比，台湾地区人“总体”比较矮，鼻子较平，颧骨较宽，皮肤较黑。

台湾逢甲街景

当地人和外国人

我们刚做完准备运动和基础训练，这时，一个大约五岁的小男孩向我走来，盯着我的胳膊看。他之前就一直盯着我。他一句话也不说就毫不犹豫地抓起我胳膊上的一撮汗毛，揪了下来，然后盯着揪下来的毛仔细地看着，看完以后他就走了。

——克里斯的日记，1976年10月15日，台中武术课上

当地人眼中的外国人

日月潭庙宇

台湾人因为认为自己来自于“中央之国”而产生的骄傲感直接影响着他们对外国人的印象。且不说大多数台湾人是在福建最困难时期来到台湾的福建农民的后代，也不说与中国文明有关的主要成就并非由福建人取得，但台湾人仍然有着无比的骄傲感。由于对亲情的重视，以及由于以“中国人”为基础的教育系统对民众思想的灌输作用（目的在于加强同中国内地的关系，为最终的“统一”做准备），台湾人拥有很强的文化优越感。这种优越感致使他们用有色眼镜看待所有来自“中央之国”以外的地方的人。

你一旦开始听懂汉语，就会听见别人用不同的称呼叫你。这些称呼很常见，也被用得很广泛。这些称呼并不是种族仇恨意义上的偏见的体现，而是一种把别人放在低一等的地位上的称呼。当然，这种行为也许是无意识的。所有文化都创造出贬低或蔑视他们所不能理解的或不喜欢的东西的词，而台湾也不例外。

称呼——他们所看到的就是你会得到的

“老外”是最不具冒犯性而且最亲切的词了。它的意思是“老的外国人”。如果你想一想西方人往往说台湾人看起来比他们年轻，那也许台湾人就是觉得西方人看起来比较老，因而有了这个称呼。另一个不带恶意的词是“洋鬼子”。在英语中这个词

台湾地区地铁

缺乏交流

一个高个子、留着大山羊胡子、精通中文等语言的美国人，有一次去参加一个鸡尾酒会。他加入到与一位台湾“外交官”夫人的谈话中。她受过大学教育，也到过不同的国家旅游。她开始谈论中国人比其他种族的人多进化多少的问题，并以中国人体毛少、体格小、体态特征精致作为证据。这个美国人于是给这位夫人举了多个民族、历史、文化事实的例子来证明她的观点是一派胡言。结果这两人自然是各执己见，不欢而散。

经常被翻译成“外国的鬼子”。清朝时西方人确实是个祸害，所以当时就产生了这个称呼。

另外还有一些描述体貌特征的称呼。“大鼻子”是很常见的一个，用于称呼那些和中国人相比鼻子特别大的西方人。如果你看了马克·舒尔兹曼的关于他在中国教英语和学武术的经历的自传电影《铁和丝》，你就会注意到他在自己的宿舍门上粘的那个用灰泥做的大鼻子。这就是个很好的例子。最后一个称呼是“红毛”，意思是“红胡子”，意在影射西方人体毛多。

这些词都描述了体貌特征，也显示了台湾人眼中的西方人的明显特征。你会抗议说：“但我的头发是金色的 / 棕色的 / 黑色的，不是红色的。”但这无济于事，他们仍然会称呼你“红毛”。西方人的体毛多是他们受轻视的一个重要原因。台湾人认为这与一个人的总体进化程度、体味、整洁程度和礼貌有关。记住你应该总把自己的胡子刮得干干净净，把自己梳洗整洁，这样就能改善台湾人对你的印象。女性要注意把腿上和腋下的毛刮干净。

体格

尽管新一代台湾人的个子通常和西方年轻人差不多，但和外国人交谈时，个子仍然是一个主要顾虑。台湾人觉得西方人“哪儿都大”：鼻子大、胡子大、躯干大、（有时候）肚子大、肌肉大、骨头大、手脚大。如果比例合适，这也许会对异性产生吸引力（西方女性对台湾男性，或西方男性对台湾女性），但对于同性来说，体格大就让人觉得有威压感。

调查表明，西方的 1000 家大公司的首席执行官的大多数人身高在一米八以上（大约六英尺）。个头可以在销售会议、鸡尾酒会或卫生间里发挥作用。而且个头大小常常和成就大小成比例。但在台湾情况就不是这样的了，许多首席执行官的个子都在一米六八以下（五英尺六英寸）。外国人应该意识到他们的个子可能会让周围的人感到不舒服。按照当地人对谦逊美德的喜好，高个子的外国人在和别人谈话的时候最好把身体弯到和谈话对象一样的高度。你还可以使用这些技巧：坐下来和对方谈话，而不是站着谈；或者站在比谈话对象低一级的台阶上。

体味

老一辈的台湾人对外国人的体味比较敏感。他们认为这种味道和变质的黄油一个味儿，而且觉得这是外国人从小吃太多奶制品的结果。所以，在这个容易让人流很多汗的热带岛屿上你应该经常洗澡。大多数的超市里都会卖比较有名的国际品牌的香体液。

高个子的外国人容易给台湾人一种威压感

肤色

黑人和深色皮肤的人比白人更可能被台湾人看不起，这包括非洲人和南亚、东南亚人。台湾人曾普遍认为肤色深表明这个人在太阳下从事体力劳动。尽管台湾的夏天又热又潮，但是为了不让皮肤变黑，一直以来台湾农妇都会把自己从头到脚包住，只留眼睛露在外面。美白产品和太阳伞现在都仍然很受欢迎。

不幸的是，台湾人曾普遍认为黑人没有什么可以贡献给中国人的，不像“西方野蛮人”至少还有技术、钱和市场。一直到不久之前，台湾最有名的牙膏牌子还叫“黑人（Darkie）”。牙膏管上是一个戴着高帽、微笑中露出闪亮的白牙的黑人。迫于来自种族关系组织的压力，该牙膏的英文名字改成了“Darlie”，图像设计师在设计中使用更多的负面空间使人们分不清牙膏管上的人物是黑人还是白人。但是，该牙膏的中文名仍然是“黑人牙膏”，很明显地说明了牙膏管上的人是个黑人。

欧洲人很难融入台湾人的社会，但是我们还看见过在西方出生长大的中国人要融入台湾社会更难的情形。虽然他们外貌上可以融入，但他们说话的口音就会让别人知道他们不是“这儿的人”。在这种情况下，台湾人对他们往往会比对欧洲人更苛刻、更疏远、更排斥。

我们认识一位年轻的女士，是由广东省台山地区移居到美国的移民的第三代后裔，是美籍华人。外貌上，她和那个地区的人一样：个子矮、皮肤白，脸很圆。但是她说的台山话和中文都带着美国口音。她在台湾待了一年，十分痛苦，最后决定回美国。她发现要让台湾人对她热情是不可能的。

隐形人

中国人既会觉得西方人外貌特征明显而夸张，也会有时对你视若无睹。如果你中文说得好一点，这种情况就更明显。你坐在拥挤的快餐店里吃饭，这时几个当地的小伙子也许会走过来坐到你身边。如果遇到礼貌的，他们也许会有勇气用英语问你身边的座位有没有人坐。如果遇到没礼貌的，他们就会像没看见你一样就在你身边坐下。但你也许可以从他们的汉语对话中听到对你的评论，如，“看这人，你觉得他会说中文吗？”“开玩笑！我还没见过会说中文的外国人呢”等类似的评论。或者，在你走下办公楼的台阶的时候听到从身边走过的秘书正谈论着“红毛”。

在别的情况下，你可能会发现别人把注意力都转向了你。就像有一次克里斯在展销会的展台前遇到的一样。尽管你不是隐形的，但台湾人好像不觉得你有知觉。他们会直接打探你在做什么或说什么，从背后围上来，也许还会大声地宣布：“看，他在说中文。”或者，如果你很不幸遇上了车祸或口角，也许会听到这样让人气愤的话：“看，这个家伙有罪 / 有责任 / 应该坐电椅！”他们这么说的时候就好像觉得你不在场似的。

我们认为这样的行为有多种根源。第一，台湾人真的不认为你听得懂他们在说什么，即使他们在你说中文的时候也不认为你能听懂他们说的这句话；第二，你不是他们的家人，不是邻居，不是他们地区的人，不属于他们的文化，不在他们的生活里。你来自一个和他们不相干的地方，只是在那个时候给他们提供了点暂时的娱乐，就像动物园里的动物一样。在这样的情况下，你最好保持冷静，做自己手头正在做的事情（销售、说服、把自己从微妙的情境中摘出来等），不要理会他们，或者你可以试着友善地对待这些人。

卖年货的商店

这种情况的反面是你走进一家没有其他顾客只有店主的商店的时候。你走进去的时候，店主的脸上会露出些许恐惧。他们不知道该说什么。他们不想因为不会英语而丢面子，但又觉得和你说中文也没用。他们又不能不理你，怎么办呢？这时如果你说上点中文，说得再不好也没关系，就能让他们的脸上立刻恢复血色，露出笑容。你让他们知道了你会说汉语，那他们就知道了可以用汉语和你交流，这样他们就能不失面子地应对了。

和“红毛”的关系

我们应该注意到台湾人对于和外国人打交道的先入之见。因为中国的城市商人阶层已有几千年的历史，他们觉得自己是讨价还价艺术的大师。在你和他们最终成为朋友之前，你和他们的关系都处于讨价还价的状态。在任何非正式的关系中——包括和你的同事、房东和任何你买东西或服务的人之间——都存在讨价还价的可能。相比之下，外国人就没有讨价还价的技巧。台湾人经常觉得外国人太诚实、容易受骗、天真、很“直率”。

结果就是商店里商品的标价都偏高。这使得外国人要么学会一辈子都小心谨慎以免“被宰”，要么采取“只要价格符合我的标准，商家挣再多我都没关系”的态度。不管你采取哪种态度，每次交易结束你都可以恭喜商家成功地把你打败，商家也会赞扬你的讨价还价的技巧。

“太诚实”而且“坦诚”，意思是说，外国人太早而且太诚恳地表达了他们的真实情感。台湾人对此不会报以同样的诚实，相反这也许会让他们觉得尴尬，结果会让你或对方没面子，也可能给爱说闲话的人留下话柄。含蓄（但又不是冷淡地疏远）被看作是一种美德。“直率”是另一个难点，这和上面的情况有关。做直截了当的评论、问尖锐的问题或直奔主题都表示你缺乏耐性和教养。“你昨天为什么没有完成报告？”这样的问题最好应该这样问：“报告能完成吗？”如果回答是“没问题”，那你可以进一步提出要求完成的时间：“很好，那一个小时内就给我吧。”现在我们要指出一个问题：你应该以柔和的方式进行探询对方的意思，但不要把“是”当成答案。

如果你把这本书给一个台湾熟人看，并且问他上面说到的对外国人的评价是否准确，那他就会觉得这个问题太直接，而且会重重地说“不是”来避免让你不必要的丢脸。

在台湾小店买东西，要记得砍价

社交与礼仪技巧

互换名片

■ 如果台湾人用英语和你说话，就表扬人家英语说得好。

■ 如果你长住台湾人家里，那就记住：他们知道你人生地不熟；为了你自己的利益，你最好希望他们觉得对你负有一定的责任；通常他们都会觉得对你负有责任，所以为了避免他们不必要的担忧，你不要夜不归宿，也不要不告诉他们你去哪儿、就出去一下午，以及什么时候回来。

■ 双手接送礼物和名片。

■ 保持冷静，特别是在情况并不可怕的时候。台湾人遇到困难的时候，比如说开车出小事故的时候，容易变得情绪化，这和外国人没什么不同。但是，外国人可能会在被当地人拍马屁的时候感到不高兴。这样不好。你应该微笑，应该享受他们的热情，哪怕是在出乎意料的时候也应该这样。

■ 别人给你面子的时候你得接受。你要弄清楚你和对方的关系。如果台湾人坚持邀请你吃饭，你可以先表示推辞，然后有风度地让步，接受邀请。以后要想办法回请人家。

■ 记住年纪大在台湾是受尊敬的。要对屋里的老人表示适当的尊敬。

■ 餐馆里不用给小费，也不要给计程车司机小费，可以按每个包 20 元新台币的标准给行李员小费。

■ 进屋的时候一定要脱鞋。有时候进办公室也得这样。跟着当地的向导做。

■ 如果路意外地被送葬的队伍堵住了，不要强行通过。要走别的路。

■ 不要用红笔写亲切的留言，因为红笔是用来在试卷上写评语或用来写抗议信的。

■ 不要送伞或借伞给朋友，因为伞与“散”同音，这会导致你们的友情结束。

■ 西式服装在台湾完全能被接受。

■ 注意面子。如果让台湾人感到没面子，那他们对你的宽容度就很有限。你要学会问问题的措辞，使问题听起来是解释性的，而不是挑战性的。同时也要注意给自己留面子。

■ 人情味是让台湾人和你愉快相处的一个重要因素。这是一种能让对方感受到的真情实感。对方在感受到你的真情实感之后也会报以相同的真情。你要能敏锐地感受到台湾朋友给你的人情味，也要注意报以相同的人情味。

低语境与高语境交流

文化往往有“高语境”与“低语境”之分，用于表示某种文化内人们交流方式的不同。低语境文化主要是指人们以听到的内容为判断事情的结果的标准，而不以视觉线索作为听觉内容的辅助。美国文化就被归为低语境文化。如果一个美国老板告诉下属他表现有进步而且已经推荐给他加工资，那么下属就会把这些话当成表扬，同时期待近期内工资会增加。

但是，在高语境文化里，很多内容是通过非语言的方式交流的。语气、表情、身体距离、身体接触、手势、眼神交流和仪式，都是对话的一部分。如果双方都来自同一种文化，那双方都会知道他们在使用这种不可言表的交流方式，最后也会心领神会。而来自低语境文化的人和来自高语境文化的人之间进行跨文化交流，就会出现一个很基本的障碍，或者如果交流的双方对于视觉线索和肢体语言的理解有重大误差时，交流也会出现障碍。台湾是一个高语境的文化，很多东西都是通过肢体态度、视觉线索、象征物和仪式（指适当场合下的适当行为）传达的。

成长的仪式

每个台湾人的一生中都有不少意义重大、牵涉到深刻的传统文化情感的事件。这些事件表明，你的台湾朋友是怎样成长的、怎样培养他们的后代的。下面我们逐一对这些事件进行介绍，以帮助你了解每一个事件对你的台湾朋友所具有的意义。

生育

怀孕、生孩子、养孩子都对台湾人有十分重要的意义。家庭的延续是确保自己老了、死了之后有人照顾的唯一途径。对于一个男人来说，生儿子就确保了家族的血脉和姓氏得以延续，这在儒家思想里是至关重要的。由于在过去的几十年里家庭变得比以前更小了，所以母亲和孩子所受到的关注也就更多了。

父母希望确保孩子有一个好的起点，这一点既体现在一些明显而实际的方面，如在怀孕的时候吃补品，吃营养含量高的食物，也体现在一些玄妙的方面，比如请算命先生确定孩子出生的吉利日子和时辰。如果已经足月了，孕妇可能会要求做引产或剖宫产，这样孩子就可以在定好的时间出生。他们给孩子取名的时候也会去请教算命先生。算命先生不是挑字，而是告诉父母孩子名字有多少笔画才是吉利的。由于姓是不政府采取的计划生育政策成功地控制了人口的增长，但是，在个别吉利的年份情况就不同了，比如说龙年。龙年人口往往大增。有位中国朋友曾经跟我说过他在龙年得了双胞胎儿子，他说这简直是中了“宇宙累计奖金”！

变的，而且名字的第一个字总是和家里同辈的、同性别的人的名字的第一个字是一样的，所以名字的第二个字就得挑选。

出院以后，母亲通常要按传统在家里待上一个月不出门，称为“坐月子”。在这个月里，母亲除了喂孩子以外基本上是静养；而且还不能洗澡，不能洗头发（不过现在她们偷偷地洗），还要吃大量的按习俗方式和中医理论烹饪的营养品。最常见的产后补品是麻油鸡，就是把放养长大的鸡整只放在蒸锅里和麻油、米酒一起炖。月子里烹饪和照料的活儿通常都是由孩子的姥姥来做，但现在台湾涌现了许多坐月子中心，他们的工作人员会住到家里来提供这些服务。

儿童期：满月和满岁

坐完月子以后，孩子的儿童期就开始了。这个时候要宴请亲戚朋友。母亲是一个月以来第一次正式着装出来和大家见面，也许还会给大家展示一些首饰，这是丈夫送给她的生孩子的礼物。孩子也是第一次见识中国式的宴席。过去在中国，婴儿和母亲的死亡率很高，而这样的宴席就是为了庆祝母亲和孩子都顺利地度过了最关键的第一个月。这一天就叫作满月。

如果你应邀参加满月宴席，应该送给孩子 24 克拉的金饰。台湾有各种专门为满

怀孕生子对台湾人有十分重要的意义

月做的传统的挂饰、手链和脚链。根据金价不同，价格大概在2000~3000元新台币。如果你和你的妻子或丈夫都接到邀请，送一个礼物就够了。这些金饰通常都是装在丝制的红色和金色的小包里的，所以不用另外包装。如果你的朋友的孩子满月了，而你没有受到邀请，不要感到不高兴。买个小孩衣服的礼物套装或其他饰物送给他。这样做很有人情味。

孩子出生满一年，要在农历生日那天办类似的宴席，这叫作满岁。按中国习俗，孩子刚出生就是一岁。在下一个农历年一开始时就是两岁。如果你问孩子的父母孩子几岁了，他们也许会按中国的算法告诉你。如果你问大人的年龄，他们也许就会按西方的算法告诉你。

在台湾小孩子的淘气甚至能受到大人的表扬，他们觉得淘气表明孩子很活泼，很聪明。大人总是对小孩子十分宠爱，把小孩子打扮得漂漂亮亮的，抱着到处走，或让亲的或堂亲、表亲的兄弟姐妹和他玩。孩子偶尔会受到责备，但这只是开始给他灌输羞耻感、对家庭的义务感，以及不应该给家里带来耻辱的责任感。但是，一旦快到上学的年龄，天真的日子就结束了，生活马上就来了个180度的大转弯。保守的、处处受管制的生活就开始了。

上学

孩子的教育是父母的首要任务。多数女性在经历了婚前短暂的工作时期之后，婚后要安定下来相夫教子。养育孩子实际上就相当于教育孩子。教育有如此重要的地

幸福的一家人

位要归咎于儒家传统。在儒学中国建立起来的制度中，政府里的职业官僚们都可以在这个体系里得到考核，也可以通过进一步的考核得到升迁。任何人，甚至是农民的儿子，只要上得起学就有向更高的社会地位攀升的可能。

上学了

父母老了要靠孩子来照顾，所以对孩子的教育就是对未来的投资。从医或从事大学教育工作是比较受欢迎的毕业后的职业选择；高级的商业资格（留学的 MBA）和技术科学学位（博士级别）也越来越受欢迎。再加上激烈的竞争以及如今的以考试为导向的教育制度，孩子们在这样的情况下就只能被迫整天学习。

学校教育从孩子 3 岁进幼儿园和参加舞蹈、音乐、体操、数学等学习小组就开始了。之后，父母会想方设法让孩子进名声较好的小学。大多数孩子在上一年级以前就已经学会心算个位数的加减法，也会写一些汉字。父母通过让孩子上补习班来让孩子的水平比实际上的年纪高出一年。政府提供九年制义务教育，但是从初中开始，学生就要参加各种考试以确定他们的水平，决定他们能进哪一所学校。要进最好的学校，竞争是很激烈的，所以学生得为此苦学整个夏天。为了进好高中，为了上大学，他们也还是得苦学。那些没考上大学的就进入其他种类的学校，如大专院校或职业技术学院。

孩子是在羞耻（“哎呀，平均才 90 分，真笨”）、恐惧（“考这样的分数上台大是不可能的。上不了台大你上哪儿去找个好老公啊”）及体罚（“啪”）的推动下认真学习的。老师可以用戒尺打学生的手掌，或罚学生跪算盘。有时候父母会用萝卜来打孩子，而不是用棍子；或者用买摩托车或其他东西作诱饵来促使孩子在升学中考出好成绩。学校教育以死记硬背为基础，学生在数学、语文、历史和理科方面很强，但在创造性思维和解决问题方面较弱。

除了满岁以外，其他的生日按惯例是没有庆祝活动的。当然，由于麦当劳生日屋的出现，西式生日庆祝活动开始流行起来了。如果你给朋友的孩子买礼物，学习用品是最合适的。父母对玩具的感觉可以归结为：他们没时间玩！

对师傅越恭敬，就越能体现学生的诚意

拜师

你在台湾期间，也许会为了学某项传统艺术，如书法、绘画、武术、气功、医药、戏剧等，而想找一位老师傅给你单独授课。教师是古代中国最受尊敬的职业之一，而要找一位传统的老师给你单独授课你就得通过拜师这样的程序来接近这位老师。

第一次见面最好由一位台湾朋友来安排，如果这位朋友认识这位老师就更好了。第一次见面要带上礼物，但不要期待这一次就能见上老师。他也许会让你等一等，或让你第二天再来。如果是这样的话，那第二次还要再带上一个礼物。真见了老师的话，要诚恳大度地夸奖你所看到的这位老师的艺术。你表扬得越好，你给他 / 她留下的印象就越好。不要期待第一次见面就能被收作学生。他 / 她也许会跟你说不方便，或说从来不收学生或已经不再收学生了，或者说语言障碍太大。这个时候你得坚持不懈，以表诚意。他 / 她也许会让一位师兄教你。但如果你已经精通该艺术，确实觉得只有通过师傅的指导才能受益，那你就应该坚持你的要求。如果不是，那就让师傅时不时地考查你的学业。

其他学生可能会告诉你学费的事。学费最好放在红包袋里给师傅。最后，如果你对你的进步感到满意，而且喜欢这位老师，他 / 她也喜欢你，你可以要求正式拜师。这就意味着你成了这位师傅门下正式的徒弟了。

谈恋爱

男女生在上高中的时候基本上是互不交往的。妈妈们也会经常地告诫女儿们婚前贞洁是美德。现在没上大学就谈恋爱的比以前多了，十几岁的女孩怀孕的现象也出现了，男孩子也会做些坏事。但总体上，在西方社会泛滥的诸如青年男女性行为混乱、吸毒、青少年暴力、不学无术等现象在台湾就没有那么普遍。

大学期间是年轻人的放松时期。你一旦考上了，就轻松自由了。但这个时候女性还是比男性成熟。确实，台湾男性好像只有在参军和参军之后才能成熟。台湾的男青

“缘分”是一个传统但又仍然经常被谈到的观念。缘分的意思就是某些人，特别是年轻人，是注定要相遇并相爱的。他们的人生道路相互交错，不可分离。母亲们也许会满怀期望地寻找女儿缘分的迹象。就本书的两位作者来说，我们俩在台湾相遇的情形让我们不得不相信缘分是存在的。

年都必须在接受完高等教育之后参军。

在上学和择业这两件最重要的事情完成之后，年轻人就开始正式地谈恋爱了。第一次见面可能是在某个社交场合、寺庙、晨练的公园里，或在朋友的聚会上。在台湾，媒人如果说媒成功被认为是一件十分幸运的事。台湾女性为了找到合适的丈夫会像进行军事战斗一样做周密的计划。她们有明确的目标，有具体的策略，而且能够巧妙地运用自己的“军事资源”以最小的代价实现目标。给自己“捕猎”到一位好丈夫是一件非常有面子的事情，同时也使自己从此能够过上安稳的生活。相比之下，浪漫处于次要的地位。

但是，不要据此以为因怀孕而结婚的情况会普遍。这种闪电式的结婚在汉语里被称作“先上车后补票”。这样结婚会很没面子，也显得很没技巧。

年轻的情侣

现在订婚的仪式（这里是在家里的神坛前）变得和婚礼一样烦琐，衣服要穿得很华丽，花费也不小。

矗立在中山北路和民族东路交叉处的海霸王餐厅就是专门办婚宴的典型餐厅。以前的罗马饭店，现在12层楼都改成带单间的餐厅，生意十分红火。它们现在已经在许多地方设立了分店。

订婚

现在订婚的仪式也越来越烦琐了。订婚之前，准女婿要去见女方的家长，征求家长同意把女儿嫁给他。前途好的女婿这一关会过得容易一点，前途不够好的这一关就比较难过了。但是，不论在什么情况下，女方父母总是要象征性地拒绝一下，以考验女婿的勇气和诚意。

见过女方家长之后，双方就会找算命先生按农历选一个吉日订婚。订婚的那天，男方通常要送给准新娘订婚戒指，还要给亲朋好友发糕点这样的小礼物，同时发放参加婚宴喝喜酒的请柬。

结婚前一天，新郎新娘要到台湾的某一家婚礼中心去。台湾是西方婚纱的最主要出口地，出口的婚纱很美丽，而台湾当地的女性则很好地利用了这个优势。她们在婚礼中心梳洗打扮起来，穿戴各种时髦的服饰，在镜头前摆各种姿势，把这个时刻的美丽留在照片中，以供后代子孙们观看。台湾艺术家能把进门的每一对新人都打扮得漂漂亮亮的，技术水平确实令人叹服。除了室内的照片，他们也会到室外取景。每一对新人通常要为这些各式各样的海报大小的装在相框里的照片花费上2000~3000元新台币。

新人切蛋糕

婚礼

大喜的日子来了。婚礼可能在教堂举行，也可能在家里或市政厅举行。婚宴的准备时间要比誓言的准备时间多。婚宴是个大事情，非

祈福仪式

常重要，也和面子有很大的关系。婚宴的费用由新郎一方承担。婚宴的大小以使用的桌子的多少来衡量，每一桌坐 12 个人，每桌花费少则 12 000 元新台币，多则如天价一般。这个价钱是按订好的菜单算的，不包括酒水。平均一次婚宴大约有 30 桌。想要在吉利的日子在最好的餐厅预订负担得起的、最好的、菜单作婚宴的话，一定要提前很长时间预订。

新郎的爷爷奶奶和父母以及贵宾通常坐在首席，就是离入口最远、离墙最近的那一桌。首席后面的墙上有红色霓虹灯或丝制的条幅，上面写着双喜字。其他桌则坐着朋友、生意上的伙伴、双方的亲戚，或许还有你。关于吃饭和宴会的礼仪，请参看第六章。第六章将对非正式和正式的餐饮礼仪作详细的介绍。

你去参加婚宴要给新人带上红包。红包里包的现金的数量要按你和他们关系的远近来决定。如果他们其中一人是你的下属，或是一位特殊的朋友，或有重要的生意上的联系，那你的红包里就得多放一些钱；如果只是一般的朋友，就可以少放一些钱。每一个你带去的人都至少要包 1000 元新台币。如果你和你的丈夫或妻子去，那就得包 2000 元新台币。喜宴的门口会有一张桌子，桌上也许会盖着亮色的绸布，人们在上面写名字。桌边坐的人在收红包、数红包里的钱、记录给红包的人的名字。即便你是贵宾也得给红包，而且也许还得给得更多。在喜宴上，新郎新娘要一桌一桌地向客人敬酒。

乔迁新居

你认识的台湾朋友也许在某个时候会买房子。和世界上其他地方的人一样，台湾人也把这当成一件大事。他们可能会举办一次乔迁新居的聚会或一次宴席。如果是聚会，而你又被邀请去参观他们的新家，那你就得带上一件礼物。镜子、图画、油画等都可以，但一定不能送钟。（见第三章“台湾人”的“人情味——快乐的秘诀”中“送礼”部分。）如果你知道他们还缺哪一件家电，那也可以送这件家电给他们。

开张

台湾人比较喜欢把自己的命运控制在自己的手里，所以经常会和别人一起离职，创办自己的生意。如果你的朋友或生意伙伴生意开张或办了个分公司或建了一个工厂，你都应该送礼物给他。你依然可以送镜子、图画或油画，但这次可以以你自己或你的公司的名义送。你的名字和你的公司的名字经常会写在镜子或图画上。如果是一幅受你委托而写的字，那也可以以你的名义送。

生病

生病是一个敏感的话题。如果你的朋友跟你说他很健康，那你就不应该跟他说：“真的，我不知道，但你看着有点虚弱”或“你得找医生看看那颗长出毛的痣”这样的话，否则就是很不礼貌的行为。说这样的话就是希望你的朋友得你暗示的病。讨论预防措施也是不受欢迎的。不管你有多好意都不能说“你得降低你的胆固醇，否则你会得心脏病”这样的话。

生病的女孩

遗嘱也是一个敏感话题。按习俗，所有未经分配的财产都应归家中健在的最长的男性所有。有人还觉得讨论买生命险也很敏感。台湾购买生命险的人越来越多，但是保险公司的销售策略好像是把生命险变成打赌的方式，而台湾人正好很喜欢赌博：“我打赌你不会活到多少多少岁。如果你能活那么多岁，我们就给你多少多少钱。如果你不能，那我们就不给你多少多少钱。”

如果有人生了重病，家里的人经常会找到那个领域的专家，求他治疗这位亲人。为了得到应做的手术，给医生送礼物或红包都是很常见的。如果医生基于道德的原因拒绝接受礼物，那他们就会觉得没尊严、丢面子。医生可能很宽宏大量，说手术不用花很多钱，或不用付钱给他，因为他们是好人。但是，如果病人得救了，家人还是会想方设法地把礼物送给他。

葬礼

如果你得知有人病得很厉害，而且想见你，那你就无论如何得和他见面。见了面要说些愉快的事情：希望，康复，你上次打高尔夫球的事。送好书、好杂志、唱片、特殊的食品或新鲜水果都可以。给长久生病的人还可以送生长着的植物，但不要送剪下来的花，因为那是在葬礼的时候送的东西。

葬礼

令人悲伤的是，你在台湾期间也许会应邀参加葬礼。葬礼是你到现在为止所读到的关于台湾的一切信息集中体现：儒家礼仪和孝顺、面子、交通、高昂的土地费、白包、人情味等一切。你在台湾期间肯定会看见送葬的队伍。你可能会应邀参加某个葬礼；即使你没有被邀请，花点时间了解葬礼背后的信仰也很重要，因为在台湾，你可以通过一个人的葬礼很好地了解这个人生前的生活方式。

台湾人的葬礼习俗和外省人的葬礼习俗不一样。葬礼的习俗带有主观性，葬礼的费用很高。下面让我们参观一个典型的中上层阶级家庭的家长的葬礼。

苏先生在 54 岁的时候由于心脏病严重发作而死亡。他的心脏病是由于长期在午饭的时候吃炖肥肉和煮硬的蛋导致的。他心脏病发作的时候由于救护车遇到交通堵塞没有及时到达，没有来得及被送往医院就死亡了。他生前没有觉得自己有病，没有买保险，也没有立遗嘱。

他的妻子一时都糊涂了，不知道该怎么办，但好心的亲戚朋友开始来告诉她应该怎么做。不幸的是，他们在对于用什么方式能给她的丈夫足够的面子上意见不一致，结果她更加生气，更加迷惑。她的 20 岁的儿子也从军队请假回来帮她安排葬礼。他们认为，爸爸一定是要下葬而不是火化的——火化没有面子。所以他们要求把遗体转移到民权东路的殡仪馆。他们买了一副棺材——用从同一树干上砍下的硬木做的、边和盖子都是传统的、圆形的、上好的棺材。

遗体外面要套上许多层衣服。苏先生的遗体上套了六层衣服。天然纤维的衣服比较好，因为这种衣服和遗体的腐化速度一样。棺材被抬到苏家，人们最后一次瞻仰苏先生的遗体。然后棺材就被盖上，漆上漆。漆起着密封的作用，使腐烂的恶臭不至于散发出来。

按照传统，吊唁要持续七七四十九天。因为苏家住在一层，所以有条件吊唁这么多天。苏夫人决定把棺材放到他们家的大厅里。大厅被改成吊唁的场所，放棺材的地方四周用白布围上，前面放一张祭拜的桌子，桌上有铜香炉和烛台。他们开始不断地收到来自朋友、亲戚和生意伙伴的吊唁礼物。这些礼物或者是中心写着字的假花做成的花圈，或者是金字塔形的罐头、罐装啤酒、一箱一箱的汽水和米酒，上面也都贴着条幅。

选一个好的墓地，是中国人一生中最重要的事情之一

在这几个星期里，人们来和他的家人聊天，烧香，询问葬礼的安排，并主动提出自己对葬礼安排的看法。

苏夫人已经让她儿子和她丈夫的弟弟去找一块墓地。这可不是件容易的事。他们必须找到一块风水好、每年可以去扫墓、价钱合适的墓地。他们在观音山（台北西南漫水平原的对面）的山上和山谷里找了两天，和农民、山民、墓碑雕刻者、葬礼师都谈了话。他们最后找到了一个合适的地方，是一块长 11 米（36 英尺）、宽 11 米（36 英尺）、面向山谷的地，地的主人提出的价钱是 112.5 万元新台币。经过激

葬礼上的花朵

烈的讨价还价，他们最终把价格砍到 110 万元新台币。他们从石匠和风景画家那儿拿到了要刻到墓碑上的字，对不同的设计加以比较和选择。

近些年来，在公墓中安葬的费用已经超出了普通台湾人的承受能力。火化越来越普遍了。付一笔预订费用再加上每年的维护费，骨灰盒就可以存放在寺庙里或专门建造的多层陵墓中，放在一个贴有标签的小柜子里。这些陵墓通常建在风景优美并且风水好的山区，并设有贵宾 VIP 楼层，有专用的小型巴士接送到公交站，还有专门的服务人员。偶尔会有僧人来这里烧香做法事。但在苏夫人这里，因家里有钱，也因有维护家庭名誉的压力，所以就选择了公墓。

他的儿子和弟弟在吊唁期间不能刮脸，以表明他们牺牲个人的物质享受。但是，在现在的台湾，有些男子会选择在这段时间留胡子，或干脆照常刮脸。男的女的都要用别针在衬衣或衬衣的袖子上别上一小块黑布。他们还避免在这段时间穿亮色的衣服，尤其不能穿红色这种吉利的颜色。穿亮色衣服就意味着在庆祝失去这位家庭成员。

同时，葬礼的计划也在进行中。他们要列出宾客的名单，在白色的卡上印通知，然后把卡发给宾客。苏先生和苏夫人是名义上的信佛者，所以必须雇用专司葬礼念经的和尚。葬礼的接待处已经延伸到屋子前面，帆布搭到了街上。他们请求当地的巡逻警察对此宽容一些，并且给每一位邻居送去一张卡片，对由此造成的不方便表示歉意。

葬礼前几个星期，他们会选择某一天把家里的直系亲属聚到一起祭拜。苏先生最小的妹妹，比他小 30 岁，刚刚在一个月内结婚，因此她不用参加任何仪式。在这种严肃的场合里，亲戚们通过听某人哭声的大小和看眼泪的多少来判断这个人的悲伤程度。还有传统的中国双簧管和铙钹在演奏音乐，有和尚诵经。在某个时候，死者的某个家属会走上前，鞠躬，跪下，俯下身子，跪下来，站起来，再鞠躬，如此反复三遍，这就是磕头。

死后 7 个星期，家人又进行一次祭拜。这次所有死后用得上的东西都用纸做成缩小的形状，祭祀后烧给死者。成捆的纸钱、金纸、奔驰轿车、纸衣服、房子、麻将等所有为一个有钱又有闲的男人需要的东西都会烧给他（确确实实的一种永恒）。纸钱是给他在需要的时候用的。据说，如果他给点钱，地狱的火就会烧得凉一点，天国的门也会更轻易向他敞开。

远亲、朋友和生意伙伴参加祭拜会安排在另一天，也可能在葬礼那一天。在这一天，家人再一次祭拜。以前，台湾人要从头到脚穿白色粗麻布做的衣服，穿用粗糙绳子编成的鞋子，这也是表示对物质享受的牺牲。苏家决定在祈祷和哭棺的时候只在平常衣服上戴麻布帽子和披麻布斗篷。葬礼上会雇用一两个，有时候甚至是 3 个乐队来演奏音乐。苏家只雇用了 1 个乐队。

假设你是苏家的朋友，被邀请参加葬礼。你会发现葬礼上也有一个像婚礼一样的留钱的桌子。但这次钱是放在白包里而不是红包里。一般要包奇数的钱，在 1000 元新台币以上。照棺材旁边的人的做法做就行了。然后你走到发香的那个人前面，向他问好，还可以问你想问的问题。可以照相，但要征得同意。如果你愿意一直跟到墓地，他们会很欢迎，但是你不一定非得这么做。

家人和朋友陪护棺材从住处到棺材车。棺材车上有一排又一排的橘色、黄色、绿色的塑料花。车顶上是苏先生的照片和名字。家人陪着棺材在车上，车后跟着送葬的队伍：乐队，其他参加葬礼的人和几十个塑料花。葬礼队伍在死者的住处周围游行一

草地木桥

周，也到他以前住的地方去，然后才向目的地出发。如果队伍遇上交通堵塞，那就很令人担心，因为棺材得在算命先生选定的时间下葬。

亲戚朋友会帮忙抬棺材到墓地。算命先生会给出一个单子，列着不许参加葬礼的生肖，属这些生肖的人就只能看葬礼而不能参加。苏先生的一位堂亲自称能看“风水”，在墓地买下之后他去看了墓地，说墓地的“风水”不好。他其实是暗示家人对苏先生不孝顺。为了对此表示反对，苏先生的儿子和弟弟请了一位“风水先生”。这位“风水先生”在棺材入土、指导大家如何按“风水”摆好棺材的时候宣布了这是个好墓地。

在给棺材盖上土之前要把棺材敲开，据说这是为了把里面的灵魂放出来，同时把氧气放进去以帮助尸体腐化。敲棺材的时候所有参加葬礼的人都得转过身背对棺材。因为如果看到这一过程就会给自己带来厄运。台湾地区有这样的传统，就是在安葬 8~12 年之后把尸骨掘出来，擦干净，晾干，以特定的方式放到土瓮里，然后可以放到一个小陵园的墓地。我们也听说这个外省习俗，被那些想要在死后回到中国大陆的人沿用。

棺材下葬之后，要散发和烧纸钱，还要分发煮硬的鸭蛋。有一种传统习俗是把煮硬的鸭蛋放到棺材里和死者在一起，意思是只有当这个蛋孵化的时候（也就是永远不可能的），死者才能回来骚扰活人。在苏先生的葬礼上，这个习俗也被现代化了，蛋被人们在墓地现场就吃了，蛋壳四散在墓上。

各种关系

到现在为止，你已经可以清楚地看出，基于孔子及其弟子几千年来设定的指导原则而形成的传统，现在依然影响着台湾人的生活方式。这样的传统也影响着台湾人之间的各种关系。但是，现代化的进程给这种影响带来了一些变化。不管是否像很多社会评论家所鼓吹的那样，这样的变化是由西方民主传统造成的，还是这是人们离开农田面对工业化所必然选择的道路，总之，这是一个社会学家们可以

台湾人的生活方式深受儒家文化的影响

公元 7 世纪，武则天从皇室的底层爬到皇帝的位置。她不但美丽而且擅长房中术（也擅长计谋），因此成了皇帝李世民的妾。李世民死后，她成了李世民的儿子李治的妾。她除掉李治的前两位妻子，成为他的皇后。到他死后，她成了中国历史上的第一位女皇帝。据历史记载，她是一位有能力的统治者，但她也有极强的性欲。她的纵欲耗尽多位面首的精力，导致他们的死亡。

美满幸福的家庭照

进行辩论的话题。但是，变化已然正在发生，在传统和现代继续摩擦的地方火花必然四溅。

家庭关系

在家庭关系中，孩子不听话的时候这种变化就很显而易见。老人抱怨年轻人长大了，离开家了，不关心或照顾他们。作为对以耻辱为基础的文化的延续，大人给他们的孩子设下了“内疚感的圈套”。从一方面讲，很幸运的是，大家庭的老做法仍然流行，这表明老人能得到孩子的照顾。台湾没有强制的社会保险，所以孩子们一定都希望父母有存款，否则就得准备好照顾父母。另一方面，父母们经常把存款用在孩子的教育上，明显的目的就是现在的投资能在老的时候得到回报。

性别角色也受到现代化进程的影响。妇女比以前更多地参加工作，工作的时间也更长了。她们现在在婚姻中也期待更多的自由和更多的发言权。从 20 世纪 40 年代以来，妇女的权利就开始得到法律的保护，但是要实现“立法”上的平等是十分困难的，因为总人口中有一半的人对此持反对的观点，而另一半人则不拥有政治上的控制权来使之得以实施。可以肯定的是，台湾妇女现在的状况比以前任何时候都好多了，而且多数妇女对于变化的进程也感到满意。那些试图应对这些变化的男士发现，老的角色模式已经不再适用了。有些人感到迷惑而无奈。离婚率也不断上升。离婚被认为是证明西方价值观的缺点的有力证据。

性道德

性行为也在发生变化。中国人一谈到性就很沉默，但是中国人并不是在性行为上假正经的人，他们在性技巧、性试验、性愉悦方面有悠久而丰富的历史。性不是一件可以炫耀的事，也不是一件应该感到羞耻的事。性是自然的，是快乐的，是无罪的，性是一种为世界带来家庭和未来的行为。

传统上，婚前性行为，如果包括娶妾的话（娶妾现在是不合“法”的，但是仍然以非正式的形式存在），并不少见。但妾是永远无法和“第一”夫人相比的：她没有权利；她的孩子不是父亲的继承人，除非在特殊的情况下；如果她的“先生”死了，那她就是一件应该被用尽或除掉的“动产”。但不是所有的妾的下场都是这样的。

在如今的正常生活中，妈妈们希望她们的女儿能嫁给一位善良、有钱的男人当“第一”夫人。这就意味着把自己的贞洁留到新婚之夜。中国的妈妈也许甚至到现在都把婚前性行为等同于当别人的妾，或认为那是让男人在给出承诺之前就让尝到货物，这就破坏了女孩子找到“好”丈夫的机会。她们认为女孩子太容易到手就是便宜货——很笨，但无罪。台湾的年轻人确实也会有婚前性行为，有时候也搬到一起住。在较传统的或农村的家庭里，如果这种行为被发现，即使女孩没有怀孕，这对年轻人也许也会被迫结婚。在现代城市家庭中，这种行为更多的是被容忍的，但妈妈会不停地对此进行责备。

西方男子和东方女子之间或东方男子和西方女子之间的跨种族婚姻当然也存在，但是这样的夫妻就要克服印在西方人身上的令人后悔的污点——这是越战期间美国人

在传统家庭里，家长一般都不赞成女孩婚前性行为

很多中国人之间的长久友谊产生于17~24岁

把台湾当成补给前哨战留下的后果。中国女人如果被看到和西方人随随便便就会无可救药地被等同于妓女，不管她们是不是妓女。即使到了现在，女性在公共场合和西方人在一起还是要保持举止端庄，否则就会被社会谴责。一直到 20 世纪 80 年代，年轻女子才好像解放了自己，可以在公共场合和外国人自然地交往，和他们谈朋友。但是，人们还是会怀疑她们是否会向他们未来的中国丈夫承认曾经和外国人有过关系。

同性恋的情况怎样呢？ 16 岁以上的双方同意的同性恋关系是合“法”的。在该书付印的时候（指 2005 年），台湾当局支持的使台湾成为亚洲第一个承认同性婚姻的地方的“法案”已在“立法院”一拖再拖。但是，如果有台湾年轻人拿同性恋当逃避军役的借口，那他就必须接受两年的精神病学评估。从传统上讲，同性恋是被儒家礼仪所禁止的，因为这种婚姻不能带来男性继承人，而且如果大范围的发生将使祖先祭祀趋于消亡。和在其他方面一样，道家对这件事的观点还是务实的。道家不禁止同性恋关系，但认为异性关系中的阴阳能量的交流是健康的，甚至是能治病的。而这种交流不可能在同性恋之中发生，因此为了保持健康同性恋者应该寻找能代替阴阳交流的其他方式。

友谊

台湾人之间的长久友谊好像是在 17 岁到 24 岁之间产生的。这段时间正是年轻人上大学或职业学校、参军和建立事业的时候。在这个刚开始脱离家庭束缚的时间里建立起来的友谊，好像是台湾人一生中能够建立起并能持续到成年的友谊之一。

至于你自己和台湾人交朋友，最好的建议是要诚恳、要有自知之明。要尽量了解你和这个人的社会关系，在你能观察到的这个关系所允许的范围内行事，同时要不断努力建立更加诚恳、交流更加有效的友谊。

到别人家做客

在台湾你很容易被邀请到家里做客。这是更好地了解你的朋友的家庭和日常生活的好机会。他们当然会对你特殊对待，向外国人展示更多自己的家庭生活，所以你要让他们对于他们所展示的事情感到舒服。

如果你被邀请去吃晚饭，那可以带上一盆插花或一瓶威士忌或葡萄酒。把礼物给邀请你的人，或如果你的朋友和父母住在一起那就给家里的最长者。记住，在大多数台湾人的家里是不允许把我们穿的鞋直接穿进去的。永远要记住，脱下你的鞋子。只有在主人坚持让你把鞋穿进去的时候才能穿进去。如果主人要求你脱下鞋子，那他通常会给你一双拖鞋。

你多半会被带到客厅和每个人见面。你要先跟最长者打招呼，问候他们，让别人把你介绍给他们。之后，再以同样的方式和在场的其他人打招呼。你会受到很多关注，所以要有心理准备。你想喝点饮料吗？吃零食吗？这个地方难找吗？饿吗？渴吗？抽烟吗？这杯茶给你。这些零食给你。请坐。不用为我站起来。你会不停地听到“不要客气”这句话，意思就是不要拘束。你要放松，但要保持礼貌。要接受你受到的关注，并显出感激得好像受宠若惊的样子。

关于洗手间的注意事项

在你做客期间，你可能得用洗手间。关于洗手间有几个注意事项。台湾的许多公寓都只有一个设备齐全的洗手间。如果这家人的情况也是这样的话，你会发现全家人的洗浴用品都在那儿。由于下水道和热水的设置，你也许会看到洗衣机也在洗手间里。洗手间的地板经常是湿的。进洗手间你一定要小心这些东西。在你进洗手间之前主人可能会让你换上另一双拖鞋，塑料的洗手间专用拖鞋。这种拖鞋能让你的脚保持干净，防止你滑倒，也避免你弄湿另一双拖鞋。不要把在其他房间穿的拖鞋穿到洗手

到别人家做客，最好带上一件礼物，插花就可以

到当地人家里过夜，最好带上自己的毛巾

间，也不要把洗手间的拖鞋穿到其他房间。

台湾有两种马桶。多数公寓现在都装有西式的坐式马桶。但是，尤其是在公共的地方，马桶往往是蹲式马桶。这需要一些时间去适应。但是，蹲式马桶其实对肠道蠕动来讲是最自然、最符合人体工程学的方式。不提到有伤大雅的细节，且说你面向马桶的斗，把脚放到坑的两边，然后蹲下。记住不要让你的裤边挡在中间，拿好手纸。大多数台湾家庭用的手纸都不是成卷的，而是预先切好的大约 25 厘米乘以 25 厘米的单张的纸，成捆地放在乙烯基的盒子里，放在马桶蓄水池的上面。没用完的手纸要放回盒子里。

如果你要在朋友家过夜，你可能想要洗澡。台湾人的家里没有中央热水设备。他们使用壁挂式的燃气热水器或电热水器，这种热水器只有在打开开关流出水的时候才会启动。而且许多台湾人家里没有浴缸。他们只是冲澡，没有特定的隔间，水流到地上的地漏里。他们不经常长时间泡蒸汽澡。以前，台湾人是在大塑料盆里放满水，再用勺舀出水倒到自己的身上，打上肥皂，然后用剩下的水把身上冲干净。在今天这个水资源日益减少的时代，这也许是最有利于环境的洗澡方式了。你看看浴室里可用的设备，也就能想出用什么方式洗澡最合适了。如果你发现地上留有肥皂渣或头发，就应该用水把它冲走，不要怕把地弄湿。

如果你要到台湾人的家里过夜，我建议你带上自己的毛巾。他们通常一个人只有一条厨房巾大小的小毛巾，很薄，既用来洗身子，拧干后又用来擦干身子。他们没有像西方一样的一壁橱厚厚的蓬松的白色纯棉毛巾。

第五章

移居

“台北的天是后妈的脸。”

——俗语

历史上多数到台湾的游客都是乘船而来的。现在，坐游船仍然能到达北部的基隆和南部的高雄，基隆到冲绳也有固定的航船往来。但是，现在的游客基本上都是坐飞机来的。从大多数亚洲国家的首都以及纽约、洛杉矶、旧金山、明尼阿波利斯、西雅图、波特兰、阿姆斯特丹、法兰克福、约翰内斯堡以及苏黎世都有直达航班到台湾。

目前台湾有两个国际机场，分别是位于台北西南的桃园、距台北有 45 分钟车程（没有交通堵塞的话）的桃园国际机场，和台湾岛西南端的高雄国际机场。

台湾有两家国际航空公司：中华航空公司和由长荣货运集团成立的长荣航空公司。其中，长荣航空公司在安全和创新方面名声较好。中华航空公司的飞机曾发生过一系列的坠毁事件；该公司进行的广告战和价格战也表明他们需要重建乘客的信心。而长荣则有良好的安全纪录，他们还创立了一项全新的舱位服务，即豪华经济舱。这项服务深受从岛外回台而旅行预算又有限的台湾人的欢迎。豪华经济舱的票价与经济舱的全价票差不多，食物也与经济舱的一样，但是座位比较宽敞，换登机牌的时候人也没经济舱的那么多。

签证

如果你来自以下特定的 30 个国家中的某个国家，并持有该国的有效护照，那你可以在台湾免签证停留 14 天；如果你的国家不属于这 30 个国家之列，那就需要提前申请签证。截至本书出版之际，“法律”许可的免签证的国家有：澳大利亚、奥地利、比利时、文莱、加拿大、哥斯达黎加、丹

阿里山红色小火车

台北孔雀园中正在开屏的孔雀

麦、芬兰、法国、德国、希腊、爱尔兰、意大利、日本、韩国、列支敦士登、卢森堡王国、马来西亚、马耳他、摩纳哥、荷兰、新西兰、挪威、葡萄牙、新加坡、西班牙、瑞典、瑞士、英国和美国。

台湾在许多国家的“特别联络处”发挥着非官方“领事馆”的作用，比如在美国，这样的机构就被称为北美事务协调委员会。签证申请可以通过邮局或者亲自去办理。尽管各个联络处的效率各不相同，但如果是亲自办理，你都要预留给他们至少两个工作日的办理时间。

短期访问

如果你只打算进入台湾一次，并且停留时间不超过 6 个月，那么可以申请 60 天的访问签证。这种签证可在台湾的“警察总署”延期两次。如果你打算不止一次进入台湾，那就得被要求办一个多次入境的访问签证。要办这种签证，最好是让你在台湾的业务联系人给你发一封要求你前往台湾处理业务的信或传真，这会有助于你获得该签证。访问签证允许你在台湾学习、旅游或者从事商业活动，但是没有官方许可不可以受到雇用；而要获得这样的官方许可可不是一件容易的事。

长期停留的策略

不知道是不是“政府”有意制造障碍，外国人进入台湾工作和生活的签证手续很难办，也很耗时。关于工作许可的规章经常变动，在写此稿时这种情况已经给在台湾的外国人社区带来了很大不安。

你在台湾找工作之前，应该申请居民签证和工作许可，但你必须先得到台湾的“相关的部门”的许可，然后才能向海外的而不是台湾岛内的办事处递交申请。一般来讲，居民签证是很难办的。

很多外国人都有规避居民签证的办法

许多在台湾的外国人很多年以来一直在规避这些条例。他们在台湾居住或工作了很多年，甚至几十年，但都没有居民签证或者工作许可，也没有缴税。他们并不都当用人。成百上千的西方人在台湾教英语或开贸易公司。那么，他们是怎么做的呢？他们只是对他们的60日

关于入境的注意事项

最近发布的对人境程序的更改还涉及以下结构性而非程序性的方面。规定仍然要求外国人居留台湾必须办理居民签证或工作许可，并应持有外国人居住证，要在海外进行申请。

外国投资许可公司和外资分公司。如果你在台湾的雇主属于这一类，那政府对给这类公司的外国员工颁发工作许可的要求已经比较放松了。雇主不再必须出示其资产或者收入已经符合某些特定要求的证明。

资金和收入评测。为了合法雇用外国员工（例如得到工作许可），公司必须满足一定的最低要求。如果是本地公司，资金必须超过500万新台币。如果是外国公司的分公司，则为250万新台币。成立不到一年的公司申请工作许可不需要出示收入证明。成立超过一年的公司则必须证明年均收入超过1000万新台币。贸易公司必须证明年均进出口额超过100万美元或者贸易佣金超过40万美元。

长期居住的居民。如果你已经在台湾连续居住五年并且“行为良好”（没有人知道这是否意味着你从来没有打过黑工），你就有权得到工作许可。如果这样申请工作许可太伤脑筋，你可以求助于你的公司的会计师事务所。不过，多数国际会计师事务所提供的如何应对烦琐的官僚程序的顾问服务……要收费。

的访问签证续签两次，然后在每六个月结束的时候到中国香港、韩国首尔或者马尼拉作短暂休假（有时候短暂得就只有等下一班飞机返回台湾地区所需的一小时），这样就可以再回来重新开始一次六个月的访问签证期。有时他们全家人都这么做。但现在政府终于开始打击这种现象，结果很多外国人正想方设法寻求帮助。

台湾地区当局试图用一个提倡诚信的机制取代繁杂的保护主义体制。这些新规定刚刚出台，所以台湾地区的外国人还不能确定其实施的有效性和公正性。因此，确保你能合“法”长期居住的最好的办法应该是首先按公认的程序去办。你未来的台湾雇主必须得帮助你和你的家人向“相关部门”申请居民签证和工作许可。

如果你只希望在台湾居住而不工作的话，最好的办法就是找一家当地认可的语言进修机构进修语言。那样的话，就可以以学生身份获得居民签证。但你不能以这种许可在台湾合“法”地工作。为了让他们办理你的签证，你还得到国外再旅行一次才行。

在你持居民签证抵达的 15 日内，你必须前往“警察局的外事服务中心”申请你的外国人居住证。在你因公事或旅游离开台湾之前，你必须申请出境许可。办理出境许可通常需要 2~3 天的时间。

台北桃园机场

“海关”和“入境”

一旦你取得了所需要的签证，并且登上了前往台湾的飞机，你会得到一份由三部分组成的表格，过边防和“海关”都得用到这张表。你应该在排队前就把表填好，必须用钢笔填写。你可以在任何柜台排队办理。

过了边防柜台你就要去行李传送带上提取行李。桃园机场有免费的推车可供使用。你应该出示护照和边防官员折在你护照内的“海关”表格，然后把你的行李放在柜台上以供检查。与亚洲的其他国家和地区不同，在台湾地区你必须接受仔细的检查。有时全部行李都需要检查，有时仅检查一件。

如果你带了任何特殊物品，你就应该在海关单上写明。你可以在“海关”拿到禁止携带的物品的清单。携带武器、毒品或淫秽物品是肯定会带来很大麻烦的。尽管管理已经大大放松，但从中国大陆带来的印刷品或者任何批评台湾地区的东西都有可能被没收。金条和大笔的现金必须申报，否则也会被没收。你应该申报你所带的现金，填上大概数额就行，不用把每分钱都算进去。但是，如果你携带的现金超过 4 万新台币你就需要得到相关部门的许可。你还应该把携带的符合配额的免税酒和烟草放在容易检查的地方，以避免拖延时间。

桃园机场内部

单据中还有一部分是关于非随身携带物品的。如果你有家用物品单独交付装运，并已在途中，要和该物流公司确认你需要办哪些手续。你也许得把装运单或者申报单附在海关单上。而且，如果你想将一些物品留在机场，或者如果“海关”官员想就某件你暂时不需要的物品收税，你可以在过关前将东西交付存放。别弄丢收据。在你离开台湾之前提前和航空公司联系，让他们有足够的时间将你的物品从海关取回放到你将乘坐的飞机上。

来往机场的交通

高雄国际机场位于城市边缘，所以如果你打算从那里去城里的饭店，乘坐出租车是和一些亚洲国家不同，台湾地区机场的外汇柜台的外汇兑换率很合理。旅行者还应该知道，台湾的美元黑市已经不存在了。

最好的选择。但是在桃园国际机场，你最好把不同的选择进行一下比较。较大的饭店都会提供豪华轿车把你从机场直接送到饭店。如果你的公司在台湾有机构，那他们可能与饭店有协议，可以为你提供特价服务。你最好通过你的公司预订这项服务，否则，这个选择是最贵的。计程车也很贵，通常到城里需要大约 48 美元。等计程车的队伍通常比较混乱。而且，计程车司机会催你赶紧上车，但是，你上车前最好先问清价格。你偶尔也有机会与别人一起搭车，分摊车费。

来往机场的交通很便捷

桃园国际机场有很方便的大巴服务。你一过了“海关”就可以询问怎么去机场大巴柜台。到了柜台，你得先在售票窗口买票，然后到外面的上车处等车。现在从机场到台北的车票是 110 元新台币（大约 3.33 美元）。有两条大巴线路可供选择：一条去往城市西北的松山机场，路上经停多站；另一条去往城市西部的桑托斯酒店和城中心的台北火车站。你得根据你的最终目的地选择线路，然后站到正确的队伍里。发车时，他们会按你的目的地要求你把行李放在汽车的下面或上面。他们不会给你的行李开收据。大巴每隔 15 分钟发车，空调车需要开 45~60 分钟到终点。在市区车站下车就能很容易地坐到计程车前往你的目的地，计程车费通常不超过 8 美元。从机场去新竹也有类似的大巴服务。

休息

在飞行了这么长时间、经历了这么漫长的一天之后，你会因为自己之前就把住宿安排妥当而感到庆幸。你没有提前安排好？那样的话，过了海关你就应该径直穿过大

圆山饭店

厅，去找大厅另一头的一整排的酒店代理处。但是，这儿并不是一个预订房间的好地方，因为你不能与他们讨价还价；而且尽管有很多选择，也仅局限于那些能够付得起机场的租金的较大的酒店。另一个办法是把行李运到市区，然后再打电话找饭店，兴许也能顺利找到地方入住。

台北一流的连锁酒店正日益增长。这些酒店都坐落在金融和商业区的中心地带。酒店里有很好的饭店，但是价格都贵得出奇；还有商务中心、游泳池、保健温泉；也有会说外语的服务员。在这种地方住一晚至少要花 200 美元，早餐还要另付 20 美元。当然这里也有一些本地的五星级酒店。住这种酒店能节约 10%的费用，但服务质量也会降低 10%。在所有的“好”酒店里，税费和服务费会给你的账单再增添 23%的费用。从四星级酒店到非星级酒店价格和质量都有很大落差。含早餐的单人间价格在四星级酒店可能要 140 美元，而在非星级酒店可能只需 40 美元。所有的房间都配有浴室、电视和空调。

除了酒店，台湾还有一些“休息房”，按小时收费，租给那些想暂时避开家人单独在一起的夫妻。这些房间晚上的时候也可以住人，但要求房客提前支付现金，而且不提供早餐。这些房间通常都是为性生活专门装修的：天花板是镜子做的，床是圆的，很多物品都用蕾丝镶边，而且东西大多是粉红色的。如果你不带什么贵重物品（可能会被偷），而且手头比较紧，那么你可能会对这种 20~45 美元一晚的地方感兴趣。

住这种地方，你可能会接到拉客的电话，因为这些地方经常位于城市的“娱乐”区。不过，这些地方并不是妓院。同样处于这个价位的还有各种旅馆，如基督教青年会等。这种旅馆价格合理，但是房间数量有限。如果你想住这类宾馆，最好在你来台湾之前就做好必要的安排。

如果你旅行费用并不充裕，恰巧你有一位住在台湾的朋友可以让你在他的地方住上几天，那你就太幸运了。你能从中得到诸多好处：可以省钱，还可以通过这位和你一样来自异国他乡的朋友了解台湾。这样住上一星期你所得到的信息要相当于你自己找住处住一个月得到的信息。自己找住处的话，可以到佛教寺院长住，这对外国人来讲当然是最能融入当地生活，但同时也最艰苦的一种生活方式。

超越第一印象

除非你来自一个类似切尔诺贝利、加尔各答，或洛杉矶南部那样更加杂乱的城市，否则你对台北的第一印象很可能不太好。尽管克里斯来台湾之前已经学习了两年的汉语和中国文化，但还是对他在台湾所看到的一切感到不满。许多令人望而却步的“第一印象”还历历在目：交通拥堵、用餐环境嘈杂、人行道表面布满斑斑点点红色的看起来像结核病人吐的痰的东西（槟榔汁）、空气污浊，有点儿西方价值观的味道。这一切都显而易见，但如果你不能超越这些表面现象往深处看，你就会错过真正存在于这里的美丽、简朴、深刻的文化内涵，以及人民的善良。从某种程度上讲，这正是本书的目的：告诉你会遇到什么情况、应该找寻什么，从而

台南郑成功议和园

使你能够超越第一印象看到美好的方面。请仔细阅读这本书，注意发现你周围发生的美好的事情，而且请你要有耐心。

住宿

如果你要到台湾工作或者学习，那你会希望能够快速找到能长期落脚的地方。如果你的公司要把你和你的家人调到台湾，那你最好要求公司给你一次到台湾找房子的旅行。这能让你和你的丈夫或妻子在大搬家之前有机会清楚地了解台湾的情况；也使你在收拾行李搬家之前就把在台湾的住处安排好；你还能知道哪些东西得带来台湾，哪些东西不需要带；在必要的情况下你还能有机会准备好工作许可的申请；而且能缩短你到台湾之后住旅馆的时间。但台湾有一些服务型的公寓和“居民旅馆”提供中期的住房服务，你可以先住在那里，然后再找房子。

适合你的地方

在你找房地产代理商前，比较明智的做法是去转一转这个城市，看看城市的布局，了解一下办公地点、学校、娱乐场所，以及符合你经济条件的消费地点都分别在哪里。如果公司有人或你的外国朋友和你同行，那就更好了。但是，只有你才最清楚你需要与外国社区服务网建立多紧密的关系，上班路程远近对你有多重要，等等。本

都市林立的高楼

章重点介绍台北，因为这是多数外国人在台湾的最终落脚点。但是，如果你要前往新竹、台中或者高雄，阅读本章仍然会有益处。

台湾民宿

关于地理位置的注意事项

台湾有大量的火山裂缝，因而有许多可以享受舒服的温泉的地方。但是，在台湾，尤其是台北北部，空气和公共用水中都添加了一种重金属成分。结果是使像银盘这样的银器和纯度低的黄金都很快就会完全失去了光泽。除非你喜欢擦拭银器，或有女仆帮助你收拾，或者你必须带着银器以供商业消遣，否则我们建议你或者不要带银器来或者搬到台北的其他地区。

买、租，还是合租

台湾的房地产价格一直在猛增。台湾的土地投机者大赚或大赔都很常见。如果你有居民签证、有丰厚的银行存款而且喜欢冒险，那你可以考虑买公寓。跟世界上的任何地方比，这儿的房价都算是高的，但是如果你来自比较大的城市或者首都，你就不会对这儿的价格感到吃惊。你应该仔细地转转那些合适的地方，对各种价格进行一下比较，你还得知道你多半得付现金买房。

大多数人都选择租房。如果你想合租，你可以在美国人和其他外国人的俱乐部、《中国邮报》和《台北时报》（两份当地英文报纸），或者在收入不高的英国人和美国人常待的许多较大的英文学校张贴告示。

最新房租价格

这里是三居室公寓的最新的月租表：

台北商业区	50 000~80 000 元新台币
台北居民区	23 000~35 000 元新台币
台北郊区	12 000~18 000 元新台币
台中居民区	12 000~25 000 元新台币
高雄居民区	7000~10 000 元新台币

应向房地产代理商提出的问题

在你和房地产代理商见面之前要先确定以下这些方面哪些更重要，哪些不重要：

临近？
- 学校
- 外国人购物处
- 单位
- 娱乐或消遣

环境？
- 宽敞或狭小
- 绿色
- 郊区
- 高楼大厦
- 独立式住宅
- 城区

价位？
- 没有限制
- 按预算
- 没有预算

其他？
- 停车场大小
- 安全

在台湾地区，大型豪华公寓往往要求付高定金

房地产代理商

房地产代理业在全世界都名声不佳也许是罪有应得，其可信任度被认为还不如普通民众。台湾房地产代理业自然也不例外，不过，你对这里的游戏规则还不熟悉。不论在任何国家，房地产的问题都是代理商为谁服务以及他们不给、不公开信息的问题。在台湾，房地产代理商从房东和房客处都收取佣金。你一定要谨记自己的利益，把代理商当作房东一样同他们谈话。别“露出你的底牌”，也别让他们知道“你的公司埋单，你只是想找合适的地方而不在乎房费有多高”。

要找到合适的住宅，不仅要翻阅资料，更要亲自去转一转

如果你只在上述提到的两份报纸的分类广告里寻找租房信息和代理商，那你就只能找到最昂贵的、专门租给外国人的住房。但是，如果你还没有学会汉语，也没有人帮助你翻译，你可能也就只有找这些会说英语的代理商了。尽管如此，自己去转一转、看一看也不会有什么坏处。一旦你找到一个合适的地方居住，那就找那个地区的代理商。这个时候你可以找饭店服务员或你办公室的职员帮忙，请他们帮你打电话问问该地区有没有会说英语的代理商，也许你能幸运地找到一位。记住，在和代理商介绍情况的时候，你对最看重的方面讲得越具体就越好。

在台湾，对于那些大型的豪华的国际行政住宅，房东可能会要求你预交 6 个月、12 个月甚至 24 个月的房租。既然定金这么高，那么在你交付之前就要弄清楚需要对房子进行哪些修理和改善，这是非常重要的。这些修缮可能会涉及油漆、木工、卫生设施、照明、空调系统、安全系统、备用插座、卫星电视接收系统、厨房设备和橱柜。租房合同应详细列明应修缮的地方、材料的质量、在你入住后什么样的修缮应该由谁来负责、谁支付额外的花费（门卫、停车场等）以及在租期结束时返还定金的条件。合同应该用中英文两种文字撰写。普通公寓一般要预交 1 个月到 3 个月的房租。

房东一般都愿意修缮房屋，但是他们把房客长期租住该处作为修缮的条件。签订合同的时候只要付给房东或者代理商总租金（也许是 1 个月的房租）的一小部分就可以，剩下的部分等修缮工作让你感到完全满意的时候再付。代理商会帮助你讨价还价，但在讲到你要的价格之前不要透露你的“最终报价”，你自己也要完全参与到讨价还价的过程中。让代理商给你“担任警戒”，让他确保房东履行所有应该履行的修

台湾地区插座

缮条款和条件。

你可以这样做，通过网络搜索工具查询获取更多关于租房的信息。还有一些在很多地方租过公寓的外国人建立的网站，很多都会详细地介绍租房的程序和注意事项。

家用电器

台湾的标准电压为110伏，北美的大多数电器在这都可以用。房间里一般会有少数几个供空调和大电器使用的220伏的插座。

不是所有的公寓都配备有烤箱，因为中国烹调一般不烘烤食品。在你搬家之前你心里要清楚自己的经济情况，要先到将要住的房子看看，弄清楚你需要从家里带什么东西来，因为你不太可能在这儿找到你最喜欢的，和你家里的厨房用具一模一样的东西。

从美国和日本带来的电视在这儿都可以用，但是欧洲PAL标准的电视就不行了，除非该电视有多系统功能。有线电视在台湾很普遍，你的公寓可能已经配备了有线电视。HBO、CNN、探索、Star和其他一些常见的频道都有专门针对台湾的节目（英语解说，中文字幕）。如果要依法申请有线电视，就应该给台北市“新闻署”打电话〔电话号码是（02）27287535〕，索取一份你的居住地区的有权安装有线电视的操作员的名单。初装费一般为1500新台币，月使用费为550新台币。申请时不需要身份证或者外国人居住证。地下的有线操作员只收取正常费用的一部分，但是他可能在你交完定金之后就关门或消失。

寻找家政服务

台湾已不再是外国人的天堂了。以前，外国人在这里可以拥有司机、男仆、园丁和阿妈（女仆/厨师）。社会各个阶层人们的生活水平现在都快速提高，所以已经很难找到人来从事家政服务了。如果你打算雇用一名全职的、会说英语的台湾女佣，那肯定是公司给你在台湾的生活花销提供全额报销。不过要找到一位愿意为你服务的人可要花上大量的时间，你要做好心理准备。以下是几种雇女佣的办法。

早先，台湾人和外国人一起创造了一个充分成长的从菲律宾、越南、印度尼西亚引进外佣的行业。近些年来，当地对雇用外来家政服务人员给予严厉打击。现在只有家中有需要人照料的不到 7 岁的孩子或者超过 75 岁的父母时，台湾人才会雇用外佣。这便给外国人找外佣设置了高得离奇的门槛。你的公司必须有 1 亿新台币的资本，或者销售业绩达到 5 亿新台币，或者你的薪资超过 300 万新台币，才能雇外佣。这样一来，只有公司的执行官才雇得起外佣。你可以搜索相关的网站查看详细的要求和费用。

另外一个找阿妈的好办法是雇用兼职女佣。台湾人和菲律宾人都做这种服务。你最好通过朋友、原雇主的推荐或者公告牌来找这种女佣。在天母的为外国人社区服务的杂货店里和像美国人俱乐部这样的俱乐部里，都有这样的公告牌。即将搬走的外国家庭常常会张贴广告，替值得信任的女佣找新雇主。

找到一位愿意为你服务的人要花上大量的时间

家政服务的管理

记住，女佣可以拿到你家里的一切，你也可能把自己孩子的安全交由她负责，所以我们强烈推荐你要看前雇主的推荐信，或通过和前雇主交谈来了解女佣。面试时要完全谈清楚她应该负的职责、服务的时间、休息时间、特殊待遇、餐饮、假日以及各种规定，这样，你就可以知道她对你有没有什么不乐意的地方。

如果你希望女佣帮助你照看孩子，你最好让你的孩

雇用家政人员，最重要的是双方要沟通好

子和她先见上一面，看看孩子对这个女佣的接受程度。最后，在你做出决定之后要给女佣拟定一个一周的时间表，列出她要做的事情及时间。在第一周，你要帮女佣搞清楚你对各个事情的要求。

事先和女佣确定以一个月为试用期是一个不错的办法。在这期间双方可以相互了解。如果这是你第一次到国外工作，那么这也很可能是你第一次找家政服务。从自己做家务到管理别人做家务区别很大，你可能会感到十分震惊（不管你如何看待家务）。你要明白这可能是因为你自己对于与女仆交流感到无奈，而不要把一切都怪到她身上。但是，如果你们任何一方感觉不满意，那么你就应该按她所工作的天数算工资给她，并重新寻找女佣。如果过了一个月的试用期后女佣的表现不令人满意，那就应该快刀斩乱麻，迅速把她辞掉。一定要把钥匙要回来，然后换锁。准备好要多付到截止日期全部薪资的 5%，作为合同中止费。尽管一定得让女佣离开，你还是应该尽可能以正面的方式结束雇用，以维护她的面子。

如果你很幸运拥有一个院子，你可能就得雇用一位园丁来帮你打理，因为女佣通常是不负责户外的活儿的。寻找园丁也得按上述的程序进行。

银行及资金事务

如果你在当地工作，工资也从当地领，那你可能想把钱安全地放在银行里。在拿到工作许可或者居民签证后（多数机构均对此有要求），就可以带上护照到银行开户。如果你没有台湾身份证，那就需要有一位台湾人和你共同签名，作为你的担保人。注意支票账户在台湾不常用，当地商家不愿意接受支票，因此银行会发给你一张 ATM

卡。所以你在台湾经常得随身携带现金。多数邮局都有邮政储蓄服务和 ATM 机。一旦建立账户你就可以申请自动缴费服务来支付你的日常账单。有些账单和交通罚款可以在 7–11 便利店支付。但你也可以这样做，通过网络搜索工具查询浏览更多此类信息以及银行营业时间。

缴税

如果你在台湾任职，就会被要求为当地做出贡献。每年 3 月 31 日前要填报交税情况，你可以通过银行缴税。如果你在台湾工作不满 183 天，你的收入以 20%的固定税率缴税。如果你在台湾的工作时间超过一年，那么你应缴纳的税金应按下表计算：

年收入	税率
370 000 元新台币及以下	6%
370 001~990 000 元新台币	13%
990 001~1 980 000 元新台币	21%
1 980 001~3 720 000 元新台币	30%
3 720 001 元新台币及以上	40%

你可以查询相关税收情况的详细说明以及各城市税务办公室的联系方式。

购物

在台湾购买生活必需品也许会让你感到失望、厌恶，但也许会让你觉得是探险、娱乐和了解当地文化的好机会。来台湾发展的西方人大多成长于一个相对比较无菌、无毒、加工过的、包装得很方便的、价格固定的商品社会。例如，我们在我们国家看到的肉已经不能让人联想到作为这种肉的来源

台湾小市场琳琅满目的商品

的动物了，它们已经被切成条片、切成块、切成丁儿、绞碎了或腌过了。我们已经远离了食物的来源，闻不到新鲜的肉和蔬菜的味道，也不用花任何力气为甚至很小的物品讨价还价。

台湾遍地是企业家。几乎每人都希望自己成为老板，拥有自己的小车、货摊、饭馆、商店、公司甚至大企业。在台北，你随便走上哪条大街或小巷都会发现街旁是一家又一家的商店。这些小商店的排列顺序和布局可能是这样的：咖啡馆，文具店，药房，服装店，面包房，便利店，轮胎店，五金店，音像店，诊所；然后又是咖啡馆，文具店……循环往复。你可以在文具店里买到报纸、钢笔、各式纸张和信封以及文件夹，通常还有小玩具和运动用品，有时也有邮票。面包房也卖牛奶和软饮。服装店也许会在天亮到上午 10 点这段时间卖鱼。欢迎来到真正的台湾购物世界！

尽管消费者零售业的现代化快速地改变着台湾人的购物方式，你仍然有很多享受“传统”购物方式的机会。台湾的“中华电信”将有限量的英文版黄页赠送给自己的客户，你在登记安装电话的时候可以让他们给一本。你可以在各种关于台湾的指南中找到你想要的东西的商店地址。你应该把中文地址抄写下来，或直接把书带上，还要带上商店的电话号码，这样如果迷了路也可以打电话去问。有一个更简单的办法就是和台湾人交朋友，让他们带你到他们最喜欢的商店去看一看。

在市场买东西要货比三家，讨价还价

讨价还价的艺术

因为是自己当老板，这些企业家可以当场自主决定商品的价格和销售条件，这促进了台湾“谈判文化”的发展。在台湾，这种通过讨价还价购物的艺术历史悠久，而且备受推崇。台湾人对于任何通过讨价还价的攻防对决而取得的收获倾注了极大的热情。来自某些特定国家和文化的一些西方人能比较容易地融入台湾的讨价还价文化中，而其他的西方人则觉得这种习惯很难接受。

一次讨价还价的经历

现在，你决定买台电视并已对三家商店的某品牌某型号的电视的价格进行了比较。你回到价格最低的那家店，告诉售货员你要再问一问价格。他报给你同样的价格。你接着问这价格包括哪些东西。他说包括天线、遥控器和一年的厂家保修。你问：“包括送货吗？”他问：“你住哪里？”你告诉他你的地址，他说可以送货。现在你告诉他你愿意以八五折的价格买下这台电视，他会长叹一声，摆出一副苦相，或者面露微笑，然后摇摇头说不行。你问：“你最低多少能卖？”“九五折。”他回答道。你出九折。他不同意。你问他能否赠送一些影碟或录像机连接线。他同意了。你现在报九点二五折。他拒绝了。你问他晚上几点关门，然后假装要离开。他可能会阻止你。如果没有阻止你，你就继续走，去第二家店，努力把价格砍到九五折以下。如果第一家店的经理请你留步，就笑着对他说你真的想现在买下这台电视，而且是先付账，你只是希望多打 2.5% 的折扣而已（在你看来 5% 的折扣是打定了）。这回他也许就同意了。

台湾鱼市场

什么时候、什么场合可以讨价还价

随着西式零售业的兴起，什么时候、什

关于讨价还价的不成文规定

一开始报价一定要比你想要的价格低。

真正讨价还价之前应尽可能多地了解该商品及其相对价值。商家会尊敬了解行情的购买者。把价砍得过低或夸海口都是对这门艺术的侮辱。

讨价还价的时候要保持冷静。这不是一件对与错的事情，所以，你应该在表情保持坚决的同时面带微笑；威胁是没有用的。

记住，讨价还价不单单是砍价，还包括送货、安装、配件等问题。

么场合可以讨价还价就变得有点模糊了。大约 20 年前，一些商店开始摆出“不二价”的标志（没有第二个价格，也就是该店商品价格固定）。店主希望通过表明自己不支持讨价还价来防止赢利的缩小。但是，如果正巧是某些商品或者是当地人要买，大多数店主还是会降低价格，所以基本上没人把这些标志当真。

讨价还价

以下是一个（不完整的）关于讨价还价技巧的指南：

商品或商店类型	什么时候可以讨价还价
汽车	必须
租房	必须
主要家电	在小商店必须 在大型零售店，可以试着要求赠送附属品。这包括买计算机的时候
小型家电	在小店可以，但在大零售店不行
饭店	从来不行，除非是办宴席
酒店	在入住前可以商谈房价
维修	可以
超市	不可以
百货商店	不可以
小杂货店	如果购买超过 1000 新台币的东西，可以
小型专卖店	这些店可能卖鞋、衣服、玩具、五金、照明设备、艺术品、古董。购买超过 1000 新台币，可以
街头商贩	除了食品商贩外都可以

台湾传统小吃

但是，现在在西式便利店、超大型市场和百货商场讨价还价是绝对不允许的。如果你有胆量的话，你可以在其他的大商店试着讨价还价，但我们不能确保售货员会有什么反应。一些商店，比如偶尔有些书店，即使你不问也会给你打折。

关于讨价还价还有最后一件事得说。如果你已经把价格砍到你要的价位，然后抽出你的美国运通卡付账，那你就只能空手而归（买不了这个商品）。在台湾，如果你用信用卡购物，信用卡会把货款的 1% 到 3% 的数额记到商家的头上。所以，你要么在一开始的时候就跟商家说明了你要用现金付款，要么就得让商家再把这百分之几的数额加到你的购买价上。

食杂

在台湾，购买食杂有 4 种去处。以下将分别对这 4 种去处的相对便利性及其物价进行评论。

- 送货及进口食杂店。外国人社区里的中型食杂店提供送货服务，这既方便又费钱。它们送货并不加钱；更费钱的是因为如果你没有指定要什么牌子的，就会给你拿比较贵的进口品牌。但这些店铺是你买一些时令性的外国人使用的物品时必须光顾的，比如买烤火鸡的平底锅和填料。

- 便利店（7–11、日高、总统面包房、全家等）。这些商店就像白蚁一样遍布大城市，挤垮并取代着“爸妈店”。它们的营业时间很长；尽管它们卖各种不同的商品，但你会发现它们架子上的每样商品总是只有一两个；它们的价格也比其他地方高 10%左右。
- 超市。要比西方超市小，但对这里的人来说这样的超市已经“很大”了。它们正日益受到人们的欢迎。它们卖各种各样的新鲜的或包装过的食品、肉以及干货；价格往往比较合理稳定。但你要知道，这种超市里卖的在当地包装的商品很可能没有英文标签。
- 菜市场。这类市场值得我们特别关注。由于很显然的原因，亚洲其他说中文的国家和地区把这些市场称为“湿市场”。如果你去那儿，别盛装打扮或者穿漂亮的白鞋。或许是因为用水冲过或者是因为鲜货流出来的东西（血、黏液、鳞片等），那儿的水泥地面常常是湿漉漉的。你在那儿会闻到你在国内的食杂店没有闻到过的味道，要做好心理准备。但是，试着适应这种地方是值得的，因为一直以来这里都是台湾人每天购买食物的地方。这是你和你的孩子们可以上免费的街头生物课、解剖课、活体解剖课和动物解剖学课的地方。这里同样也是台湾的田地、果园、小溪和大海的物产以其最新鲜和最具魅力的方式呈现给人们的地方。这些市场通常是由当地相关部门建立的，摊位是出租给商贩的。

漫步湿市场

你得从人行道走入湿市场，里面有一排又一排的摊位，通常灯光昏暗。每个摊位有一张桌子，大约 10 英尺（3.048 米）长 5 英尺（1.524 米）宽，货品排列在桌子上。卖蔬菜在同一排，他们的桌子上放着多种的绿叶蔬菜，如白菜、空心菜或菠菜。有的摊位也可能只卖大蒜、辣椒或地瓜，不卖别的东西。

台湾的超市购物很方便

卖肉的摊位也在一起。这摊卖牛肉，那摊卖猪肉，还有卖熟鸡肉和鸭肉的。但是，真的，别上这儿来买除了排骨以外的任何分部位切好的肉，比如说纽约西冷牛扒。台湾人的烹饪

卖蔬菜的传统市场

里牛肉用得很少，也不用那些你很熟悉的各个部位的肉。在猪肉摊上，你会看到整个猪头、猪肋、猪腿和杂碎。台湾的猪肉又鲜又好，你可以买到猪排和猪腰子。

这儿也有卖活鸡的摊位。成排的笼子里关着小母鸡和小公鸡，咯咯直叫。你可以选只普通的鸡或者土鸡（放养的鸡）。中国厨师和营养学家都认为土鸡比较好。不用担心自己拔鸡毛。只要你选好哪只鸡，商贩就会把它放到被克里斯称作“奇妙的剥鸡器”的机器中去毛：商贩把鸡从笼中取出，熟练地割开鸡脖子，让鸡血不断往外流；在鸡渐渐死去时，商贩会把鸡放到一个像转桶式洗衣机一样的机器里。这是一个里面钉满橡皮钉的不锈钢筒。机器一开动，鸡就在里面快速地（“乒乒乓乓”）弹过来弹过去。在这个过程中，商贩会把滚烫的开水浇到鸡的身上。45秒钟之后，一只被剥光了毛的鸡就出现了。商贩会帮你把内脏清除掉，把还有留有体温的鸡（有鸡头、鸡爪和所有东西）放在塑料袋里给你。

在海鲜区，你会看到放在冰上的特别新鲜的河鱼、鱿鱼、章鱼、甲壳类和贝类水产。挑出你想买的东西。如果你买的是条鱼，你只要等一等，商贩就会帮你把鱼的内脏和鳞去掉，然后把整条鱼带着头给你。你要知道，即使你要求商贩把鱼头切掉而且扔掉，商贩还是会按清除内脏之前鱼的重量来算钱。但是，如果是在鱼贩子那里，他们就会按你挑中的鱼的部位，如剑鱼排的重量来算钱。

这儿还有豆腐商贩。克里斯把豆腐叫作“中国的奶酪”，因为豆腐在中餐中的营养价值和西餐中奶制品的营养价值一样。豆腐可以做成各种各样的菜。大多西方人对豆腐的了解就是：它是一种白色、柔软的、无味的、像奶油一样的东西。豆腐是用磨过的大豆和水做成。

中国豆腐

在台湾，豆腐有多种不同的吃法。吃法的不同取决于去掉水分的多少。做成汤（保留所有水分）的叫作豆浆；发酵的豆浆叫豆汁。（编辑注：作者有误，豆汁是绿豆做的。）加浓发酵的话，就变成日本豆面酱，是一些菜的调味料。把水挤掉，就变成很大的石板一样的豆腐块；豆腐块一般切成小块卖。挤扁的话，那就变成豆腐丝。如果放在水里浸泡，然后弄干，就会变成豆腐干。如果发酵，那就变成臭豆腐。如果到油里炸，就变成炸豆腐。干的成张的豆腐则叫豆腐皮。

在蔬菜市场里，你还能买到精制的食品，如烤鸡、烤鸭、烤肠、腌菜、炸花生、花生糖，以及干果和干鱼等。

小小的斤

超市和便利店都使用公制单位来称商品。但是，在传统市场里，台湾人用“斤”来计量重量（与大陆的“斤”不一样）。下面是一个公制单位、英制单位和台湾的单位的对照表。

■ 1 斤	1.32 磅
■ 1 磅	0.75 斤
■ 1 公斤	2.2 磅
■ 1 公斤	1.66 斤
■ 100 克	3.52 盎司
■ 1 斤	0.6 公斤
■ 1 两	1.322 77 盎司或者 37.5 克
■ 1 打	12 个
■ 1 寸	“中国英寸”，3 厘米
■ 1 尺	“中国英尺”，10 寸或者 30 厘米
■ 1 公升	1litre

■ 1 公斤　1kg
■ 1 克　1gm
■ 1 公里　1km
■ 1 英里　1mile

菜市场的商品或者按单位卖（例如 4 个橘子 100 新台币），或者按重量卖（1 斤 30 新台币）。许多商品的当天的价格都用毡尖笔标注在纸板上。如果商品没有标价，就应该在让商贩给你打包或者切肉之前询问价格，应该这样问："一斤多少钱？"

一般来说，菜市场里是不讨价还价的。但是，每件商品都有好几个商贩在卖。我们建议你第一天要仔细看看各家的商品，打听打听价格，要"货比三家"。有的商贩会允许你捏一捏或闻一闻他们的商品，有的则很介意，不让你碰他们的东西。等你熟悉了情况之后，就可以固定向几个商贩买东西。他们也会渐渐地了解你，知道你要的鱼应该切成什么样子、你要的排骨怎么剁、你要的菠萝怎么削皮——任何你喜欢的方式。他们会开始期待你的惠顾、希望见到你，甚至把比较甜、比较有汁的水果挑出来给你。

没有家用品的降价倾销

随着大型外资零售商如家乐福进军台湾，现在买毛巾和床单等各种家用品容易多了。但是，记住床垫没有国际统一的衡量标准，因此在买床单之前你要先量好自家床垫的尺寸。如果你希望在寒冷的冬夜睡上温暖的床，那就别忘了买电热毯。下面是一

新鲜的草莓

张床垫尺寸的表［记住，在这里，包装上写的可能是台湾的尺寸，而不是英制的尺寸］。

床的类型和尺寸

床的类型	英寸
美国国王型	72×80
美国王后型	60×80
美国双人型	54×75
美国双子型	39×75
美国加长双子型	40×80
台湾国王型	72×74.4
台湾王后型	62.4×74.4
台湾单人型	36×74.4

服装

着装标准取决于你所处的行业或所从事的事务。在台湾的许多办公室，人们并不怎么穿西服，穿衬衫打领带就可以了。当地人喜欢穿休闲装和运动衣。但你要知道台北和台湾的多数地区四季分明。尽管这是个“热带岛屿”，但在台北 2 月份的寒冷阴郁的夜晚，你不会觉得自己是在一个热带岛屿上。多数家庭和办公室里都没有暖气，

西门町是当地服饰流行的风向标之地

这意味着你需要穿很多层衣服，但也不用穿特别厚的冬装，否则会觉得太热。

在5月中旬到9月中旬的炎热潮湿的夏季（通常是32℃，湿度90%），你需要穿薄的纯棉衣服。春秋两季温暖宜人，但在二三月寒冷阴郁的冬季（17℃，湿度80%）你需要穿羊毛衣服、天然纤维的内衣（以便你的皮肤在厚厚的衣服下仍然可以呼吸）、毛衣和法兰绒衣服。

晾晒着的T恤衫

无处不在的T恤衫

台湾男人总是在他们的球衣或者公务衬衫下面穿着汗衫或T恤衫，即使在夏天也这样，特别是在有空调的办公室里。这是因为中医理论认为，出汗或受风对身体有害。在经历多次夏季感冒之后，克里斯也开始采用这种一年到头都至少穿两件衣服的传统。效果果然不错，克里斯不再感冒，鼻窦问题也不再出现，而且他也不觉得穿两件衣服热得不舒服，体味也没有增加。

购买衣物

尽管许多名牌衣服是在亚洲加工的，但在台湾，名牌服装和时装并不便宜。而且，当地的衣服（价格合理或者不合理）很可能对你来讲不合身，除非你的个头和体型与普通台湾人差不多。如果你是“超大个儿”的美国人或者欧洲人，你一定要带足够的衣物到台湾。如果你还是需要或者想要在台湾买衣服，你很可能只能买休闲服和运动服。上街到店铺逛逛，或在换季清仓的时候去夜市和百货商场看看，你也许能买到一两件便宜的衣服。不要只靠衣服和鞋子上的尺码来判断衣服和鞋的大小。衣服的尺寸有多种国际衡量体系，而且台湾人还有一套自己的体系。台湾人自己在使用这个体系的时候也不统一。所以，你买衣服前一定要试穿。以下的指南列出了人们常去的一些购物场所和各个购物场所销售的主要商品：

■ 光华市场	计算机和电子产品
■ 士林夜市	当地食品摊和青年时装
■ 士林和天母	竹藤家具、陶器、国外食品店、复制艺术品
■ 西门町市场	百货商店、鞋店、工艺品、服装珠宝、照相器材，夜生活
■ 中山北路	中国家具、瓷器、古玩、裁缝店、时装店、英文书店
■ 顶好市场	便宜的时装、画廊、旅游纪念品
■ 台北 101	世界最高的多功能商场，提供顶级名牌时装，还有多个餐厅
■ 内湖	内湖是台北北部的基隆河边新出现的高科技新城。这里在三个街区的范围内，你就可以找到 Costco（好市多）仓储会员店、灿坤旗家电奥特莱斯旗舰店、HOLA (特力屋)家居饰品、家乐福和 RT mart (大润发) 超市、诚品书店、洞穴书店以及其他家具和服装店。距这里 1 英里（约 1.6 公里）的内湖的另一个地方则能找到到米拉马多厅影院和摩天轮。

三 M

以上关于气候和衣服的介绍还须告诉你三个东西：绿霉（mould）、白霉（mildew）

西门町外景

台湾地区森林公园

和蛀虫（moths）。这三个 M 是衣物的祸害，是台湾普遍存在的一个大问题。墙纸经常会发霉或脱落；所有不常用的皮革或纤维制品都会形成自己的生态系统。对付这个问题的唯一办法是在存放东西的地方放足够的樟脑丸，并且在换季的时候把衣物和毯子包好，收起来。但在这之前要找个炎热干燥的夏日，把东西拿到室外晒干、透气。也可以把东西放到烘干机里烘干，熨好，然后才放到盒子里或柜子里收起来。地板和墙角容易潮湿，所以要注意把箱子放在干燥的地方。

随着环保意识的增强，台北市最近启动了一个垃圾分类和回收的项目。垃圾必须按照塑料、玻璃、纸张和其他垃圾分类装入不同颜色的塑料袋里。在 7-11 和其他的小超市里都可以买到这种袋子。出于同样的环保动机，作为防止塑料垃圾扩散的项目的一部分，零售商不可以再给顾客提供装商品的塑料袋。结果，你要么得自己掏钱买塑料袋，一元新台币一个，要么得自带小包来装买来的东西。

在台北，每个社区有几个固定的收垃圾的时间。你得在他们快来收垃圾的时候把系好的垃圾袋放到路边，或者在听到他们韵律独特的号声的时候把垃圾拿出来直接扔到垃圾车上。你应该提前向你的邻居询问收垃圾的时间和地点。

交通

做最坏的准备

尽管台湾的交通在过去的 10 年里有了很大的改善，但仍然是世界上名声最差的交通之一。这并不只是因为每天有 20 个小时道路被太多相互争夺微小优势的汽车、

台北的交通

有一次，一个外国人的车在台北被追尾了。这名违反交通“法规”的台湾司机坚持说是这个外国人的错，说是因为这个外国人为了避免撞到另一辆车而突然停车。在这种情况下，如果双方能当场达成一致，赔钱，或交换名片和地址，就不需要叫警察。如果叫来了警察，违规的一方就必须付手续费。这两个人没有达成一致，因此台湾人坚持叫来警察。警察一来，他就冲过去说是他找警察的。警察立刻问道：“后面的车是谁的？”

“我的。”台湾人回答。

“是你打电话给我们的？”警察怀疑地问道。

是的，台湾的“法律”里是有明确的通行权概念的，但司机脑子里并没有对通行权概念的正确看法。你要做最坏的准备，而且要学会在过马路之前把前后左右的车都看清楚。

摩托车、公共汽车塞满；也不只是因为台湾没有足够的交警，或因为他们只给在高速路上超速的车开罚单。这其中最重要的原因是台湾式的儒家责任感：对家人的责任感和对他人的极度不负责任的态度。如果交通规则或通行权不适合自己的情况，他们就会无视这些规则。

出租车

如果你没有车，你马上就会开始依赖计程车（出租车）。非上下班高峰期的时候出租车很多，都是打表计价，价格合理（第一公里的起步价是 75 元新台币）。在你下车的时候，司机要你付的车费很可能会高于计价器显示的金额。他多半不是在敲诈你。当地会定期调整车费，但并不更换计价器，而只是到处张贴换算表。如果你遇到这种情况，那就按高一点的价格付费。如果你春节的时候要去远一点或路不好走的地方，司机有时也会要求另外商定价格，不走计价器。

台湾地区日益拥挤的交通

值得庆幸的是，现

计程车的速度往往远远超过交通法规所允许的车速，所以初来乍到的乘客总是心惊胆战。你要学会对计程车司机说："请慢一点儿。"

在台湾有配备广播报警系统的出租车，但你要知道司机会因这项服务多收你 10 元新台币。不幸的是，据我们所知，台湾还没有呼叫这些出租车的英语电话服务，所以如果你要叫车，只能找人帮忙或是学会说普通话。

至于长途出租车（台北到台中或高雄），台湾有所谓的"野鸡车"。对于那些把四个座位塞满乘客的、粗鲁的、开车超快、横冲直撞的疯子来说，这个称呼真是名副其实。这些家伙像是吃了兴奋剂一样日夜兼程地工作。他们在火车站、汽车站和市中心的机场等候猎物出现。如果你要长途旅行，最好跟你的公司所熟知的司机预订，或自己开车去，或坐公共汽车和火车。

台北铁路

汽车

在台湾拥有并驾驶私家车花费很大。虽然在过去的 10 年里，随着解除对进口税的控制，进口车在当地的价格已经降低，但新台币升值使得外汇价格（你的国内货币价格）居高不下。你要做好心理准备，在台湾地区买一辆车要花的钱几乎相当于在美国、欧洲或日本买两辆车的钱。

如果想合法地拥有私家车、开车或是获得当地的驾照，你必须有外国人居住证。如果没有，你也可以租辆车。但你来台湾之前一定要记得带上你在国内的有效驾照。有这个驾照你可以在来台湾的第一个月里合"法"驾车，然后你就可以不慌不忙地

如果违章停车，警察就会把车拖走

申请当地驾照。即使你没有有效的许可，你也能拿到当地驾照，但要花上大量的时间，要体检（甚至还要检查牙齿），要填中文的申请表。请搜索查询相关网站获取有关如何获得驾照的详细信息。

这里也有二手车，但买二手车一定要记住从车主那儿拿到所有文件，包括销售合同、前车主证明、车辆注册登记表。经销商应该会乐意协助你获取这些证明材料，要把这一条写入销售合同中。让经销商简要给你介绍一下你要接受的各种检查和要交的税，以及什么时候做这些事情。并且到各家保险公司看看比比，买份保险，最好买涵盖范围最广的保险。在台湾驾车可不像野餐那样轻松，车祸确实会发生。当地人的投保额不足，一旦对方是外国人，他们就会索要更高额的赔偿。如果对簿公堂，受侵害的一方可以在案件解决之前阻止你离开台湾。

由于建筑公司有意忽视城市规划方案中建筑项目要配有充足的停车空间的规定，在台湾找停车位是一个真实的噩梦。每天早晨都要为找车位浪费很多时间。

公共场所停车的处罚在全市任何一个铝制停车服务亭都可以交罚款。这些管理亭外形与售公交车票和杂志的亭子很像，所以要学会区分它们。

找停车位的几个办法

- 在你的办公楼买一个停车位。买车位的钱可能和买车的钱差不多。
- 请一个司机来给你开车，让他去为找停车位操心——这个选择花费更多。
- 排队等候按小时计费的地下或地面停车场。
- 搜遍所有街道找公共停车场的空位。这也是计时收费的，每小时 20 元新台币或由管理员决定。停完车要找到管理员，然后付钱。如果没找到管理员就把车留在那儿，他们就会在车窗上给你留一张停车费单据，你取车的时候要记得付款，不然要受到严厉的惩罚。
- 试着在小胡同或小巷里找一个免费的、不一定合“法”的地方停车。
- 违章停车。

如果你违章停车，然后发现车子不见了，那很可能不是被偷了。在人行道上找找有没有粉笔写着的你的车牌号和现在的停放地，如果有，那就带上你的车辆注册登记证明和驾照去要回你的车。如果你马上去，罚金为1500元新台币，否则每天多加200元新台币。如果你找不到你的车，请拨打语音电话25057631（有英文语音提示），输入你的车牌号，然后按#号键，你会听到他们用中文告诉你你的车子现在在哪里。

汽油很贵，在台湾以公升为单位出售。当地所有的对加油站的垄断已经废除了，这项措施给广大消费者带来了巨大实惠：现在这里有更多加油站，标志也更加明显清晰。如果说竞争没有导致价格下降，那至少也带来了其他好处。所以，如果在寒冷的冬天你看到一位穿着比基尼的少女披着透明的塑料雨衣羞怯地为你加满汽油，还给你几瓶免费矿泉水和补充能量的饮料以供你路上喝，那你就知道这要感谢供求规律。

在台湾的市内开小而结实的车肯定会让你比较省心。如果得跑很多高速公路，我们建议你使用更坚固、更安全的车。小一点的车可以在车流里见缝插针，可以停在唯一剩下的半个停车位里。

出门要留出宽裕的时间到达目的地。要保持冷静，尽力笑对周围的疯狂景象，这是对待这种混乱局面的唯一方法。有位散文家曾经写道：交通中也有道，这条道像水一样流动，水中的分子在流动中相互紧挨着，巧妙地绕开障碍向前流去。台湾的司机和自然一样厌恶真空。如果你车前有一个空当，那就会有两辆车、一辆公交和一辆摩托车都往这个空当里钻。两车道的路变成了三车道还外加一条摩托车道。如果没有道家式的开车方法，那交通就寸步难行了。相对于道路系统的承受力，这儿的车辆实在是太多了。

不要指望司机在大路上会更遵守秩序。这里竞争更激烈，代价也更大。开车的时候要时刻保持警惕。要知道南北高速路不是免费的；这是条收费高速路，一次要交40元新台币。准备好零钱，或在收费站和邮局购买有10张票的票册。多数出口有高速

台北错综复杂的交通网络

台湾地区是世界上人均拥有摩托车最多的地方之一

公路休息站，出售汽油和小吃，还有卫生间可供使用。

摩托车

除了买汽车，你还可以选择买摩托车。买摩托车尤其适合那些单身又没有孩子，或手头有些紧的人。据报道，台湾是世界上人均拥有摩托车最多的地方之一。白天，任何一个交通路口都像是城市摩托车越野赛的起跑线。交通灯变红的时候，摩托车在紧密排列在一起的汽车中穿梭前行，停到所有车的前面。在拥挤的车堆里，一家五口稳坐在伟士牌摩托车上的场景并不罕见。较小的孩子站在爸爸两腿中间，妈妈坐在爸爸身后，抱着婴儿，大女儿紧挨着妈妈坐在后面。红灯刚要变绿的时候，就可能已经有 50~100 辆摩托车加速引擎向前飞驰，车后留下一片片蓝色烟雾。

如果你打算加入这支队伍的话，要知道摩托车是台湾道路上的二等公民。如果有给转弯车辆开出的慢车道，那摩托车就必须走这条车道。任何情况下摩托车都不能进入左边的快车道。摩托车在很多交叉路口都不能左转，因为左转必须是在快车道上。这样，他们就要等到绿灯亮的时候，开过交叉路口（仍然要靠右行驶），停到一个专门的有时画在人行道前面的路上的等待区域内，然后等着灯再次变绿才能前行。

如果你年满 18 岁，到“公路管理局”出示你的国外驾照，他们就会给你发一个当地的驾照。这样你就可以合“法”开 50cc 以下的摩托车。一辆二手的小轻骑只需 7000~15 000 元新台币。如果要开大一点的摩托车，你就需要去体检，还要参加路考和笔试。

很多居留在台湾的外国人（尤其是那些没有工作许可也没有外国人居住签证的人）都买摩托车。但他们通常没有驾照，不买保险，多年来都开着“铁马”来来往往。但我们要警告一声，这是非“法”的；而且如果出车祸，你麻烦可能就大了。自己判断吧。

台北捷运车站出口

大众捷运系统

南北线，北起淡水南至新店；东西线，东起台北市政厅西至新埔。这两条线在台北市中心的台北主火车站交会。捷运系统的车站都很现代，很干净，售票机上用罗马字母标示车站名。地铁里会用普通话、闽南语、还有外语（由一位不懂普通话也不懂闽南语的外国人讲的外语）报下一站的站名，所以你要认真听你的站名。

在捷运车站可以买到统一的充值“悠游卡”。卡的最小面值是500元新台币，但用卡买票时能打八折。你可以用“悠游卡”坐捷运和公交。捷运的票价在20~80元新台币之间。“悠游卡”可以在便利店充值。你也可以买面值150元新台币的单日票，可以在一天内单人无限次乘坐捷运，详情请见 http://www.tscc.com.tw。

城际火车

台湾有一流的并且不断发展的铁路网将东西海岸沿岸的主要城市都连接了起来。可以通过一家英语网站订火车票，网址：http://www.railway.gov.tw/en/index.aspx. 。一项高速铁路项目近期在台湾揭幕开工。超高速的火车将以每小时300公里的速度在台北和高雄间通行，两城之间345公里的距离只需90分钟即可到达。

城市公交

台北没有单一的公交服务程序，而是既有政府公交也有十几家当地巴士公司。公交路线按车号区分，车站由不同形状和颜色的图案标示，终点站和下一站站名都只用中文标示。公交分为空调和非空调两类，费用是由在市内经过的路程多少和公交车的种类决定的。不同的巴士公司要求不同，有的要求上车就付钱，有的要求下车才付钱。但不论哪个公司的车，成人票价都是每个区间 15 元新台币，你要么准备好零钱付费，要么刷“悠游卡”。刚开始的时候，你最好问问别人，或是让别人帮你用中文写好你要去的车站的名称。台湾人通常都很友好、很容易接近，而且如果他们也在等车，他们会帮你选一条最合适的路线。如果你要坐的车来了，那就挥手示意它停下来。你可以给售票员看你准备好的车站名，他或她有时会在到站的时候提醒你下车。要下车就拉一下铃绳或是按下车铃提示司机下一站停车。一定不要错过最后一班回家的车（通常是在晚上 11:00 到 11:30 之间）。

旅游巴士

如果你想一个城市一个城市地参观这个岛屿，旅游巴士是一个很好的交通选择：

城际火车

舒适、现代而且安全。你可以坐旅游巴士从台北前往东海岸，也可以去往南部。

骑自行车或步行

如果是中短途的行程，那采用这种环保型的交通方式在台湾是完全可行的。但在公路上骑车或步行时，你要高度警觉。你的速度可能要比其他交通工具慢，但我们仍强烈建议你戴上单车头盔。

骑行是中短途旅行的好选择

导航

很多外国人发现使用当地地图完全是一场噩梦。详细的地图只有中文的，不够详细的地图（如《华宇月刊》上的免费指南）只够让你分清东西南北和找到大公路。如果有人帮忙，你也许能够用它找到你要去的地方。在最初的几个月内，冒险出门赴约时要给自己留出充足的时间并且保持最大限度的耐性去寻找要去的地方。幸运的是，现在，你可以通过网络搜索工具方便地查询并下载相关地图，有些网址还有全岛 16 个主要城市的英文地址的地图。

台北市有两条横贯南北的高架高速公路：新生路和建国路。两条路的下面都有公共停车点。市民大道与西面的忠孝桥相接，穿过市区，到达台北东部。

街道名称

如果你了解中国大陆的地理、哲学和政治历史，你就能较好地理解这儿的街道名称。很多大街都以社会和政治原则或名人命名，如中山路（以孙中山名字命名），民权路、民主路和民生路（以孙中山先生的三民主义命名），仁爱路和忠孝路（分别指对国家和家庭的仁慈和忠孝）。台北市的东南西北的街道和小巷有许多都以中国城市名或地理特征命名，而且还与在中国内地的相应地理位置对应。峨眉、成都、昆明都

孙中山纪念碑正面

在中国西南部的四川省（译者注：原文信息错误，昆明不属于四川省），而台北市的峨眉路、成都路、昆明路也相应地都在台北的西南部。

地址

中文的详细地址基本上是按下面的层次由大到小写的，虽然可能不会包括下面的每一个层次：

国家（或地区）

城市

区

路或街道

路号

小巷或胡同号

楼号

楼层号

门牌号

公司或人名

如果把中文地址翻译成英语写在名片或广告上，顺序几乎完全和中文的相反，但有时翻译的结果是信息混杂在一块儿，标点符号乱放，令人费解，如：

Wholsome Goodies Pte Ltd, Rm. 1025 Shin Shin Bldg., 96, Chungshan N. Rd. Sec. 2, Taipei, Taiwan［健康糖果有限公司，房间 1025 新欣大道，96，中山北路 2 区，台北，（中国）台湾］

或是

Noodle Trading Inc., 20 Floor, No. 26, Lane 76, Tachih St., Sanchung, Taipei, Taiwan 241［面条交易公司，20 层，26 号，76 巷，太极街，三重，台北，（中国）台湾 241］

如果你看不懂，那就问问朋友或同事哪个数字是楼号，哪个数字是街号，哪个数字是邮政编码，等等。

公共设施和社团

由于在过去台湾的文化和语言给西方人造成了很大的障碍，为了迎合居留台湾的外国人的需要，各类俱乐部和社团纷纷兴起，从桥牌到蹦极，各类俱乐部都有：美国人俱乐部、记者俱乐部、银行家俱乐部、澳大利亚 / 新西兰社团，以及许多你可以通过大的外国人俱乐部和社团了解到的其他社团。

迎宾服务

台北有很多致力于帮助英语国家的人在此落脚的机构。他们在帮助你的家人轻松适应这里的生活方式的过程中能起到极其重要的作用。

社区服务中心编辑出版了现在已经到第八版的不可或缺的《台北生活》这本指南（见书后的“更多阅读信息”部分）。在这本书里，你可以找到台湾所有公共设施、俱乐部、社团和学校的详细介绍和地址。该中心是一个非营利机构，设在天母，周一到周五的正常上班时间开放。他们为新来的人提供熟悉环境的服务——对帮助你定居下来非常有用。即使你已经看过这本书也要记住这句中国谚语：“百闻不如一见。”如果有人能亲自带你到各个地方看看，那将非常有益处。该中心还提供跨文化培训、各种课程、专业咨询等服务，还组织远足或观光。关于该中心的地址、电话和传真号码请见本书的“信息资源指南”。

图书馆和翻译服务

台湾确实有少数几个有大量英文书籍、可以外借的公共或私人图书馆。另外，有些公司提供笔译和口译服务，也许什么时候你会用得上，但这种服务往往很贵。从长远来看，你最好还是学中文或是雇用双语职员。

学校

外国人社区以及宗教机构里各种国籍的人建立了越来越多的国际学校，如台北和台中的国际学校，还有在嘉义、台中和高雄都有分校的基督教马礼逊学院。

外国来台人口时多时少，要进入你中意的学校有时候会很成问题。在你接受调到

台湾图书馆资源丰富

台湾的安排之前要与学校联系好，确保你的孩子来这里以后能够入学。让你的孩子到一所课程和他们在国内学校的课程一样的学校上学，能够帮助你的孩子更顺利地应对可能体验到的文化震撼。请通过网络搜索工具查询获取专为外国人服务的国际学校的相关名单。

教英语

你也许不是来学习而是来教课的。台湾家长十分乐意为孩子的学习投资，而很多从英语国家来的外国人在台湾可以靠教授母语谋生。

台湾最大的连锁语言学校是何嘉仁文教机构（http://hess.com.tw）。该机构有 100 多个语言学校和 60 多所幼儿园。台北还有好几百所其他学校，所以值得你到一些学校看看，谈一下最好的雇用条件。如果你有 TESL（英语作为第二外语）教师资格证书，那就更值得这么做了。

雇佣合同一般为 6~12 个月。学校会帮你安排签证，或者你乘坐“香港区间车”到中国香港地区旅游以续签 60 天的签证。等你定居下来后，你还可以做一些收入较丰厚的私人辅导。想知道在台湾教英语的内幕消息，请通过网络搜索工具查询相关网站，获取最新最实用的信息。

帮助你的家人保持心理健康

引起文化震撼的原因是什么呢？基本上是熟悉感的缺乏而导致的压力累积造成的。来自周围环境(如特定的电话铃声、有特定交流方式的符号和厕所的特定的外观、感觉和冲水的方式)的熟悉的迹象突然消失；来自我们自己的文化的人所给予的熟悉的信息也没有了；消除压力的方法(如和妈妈聊天，看最喜欢的肥皂剧，甚至是享用你最喜欢的牌子的阿斯匹林)可能也没有了。

无论年轻人、老年人、有经验的人或是涉世未深的人，都会或早或晚地在海外旅行中受到文化震撼的冲击。这可能只是瞬间的忧郁或短暂的失落感，但也可能是严重的精神抑郁。了解什么是文化震撼，可以帮助我们做好迎接冲击的准备，使我们可以通过慢慢地融入当地文化，形成对文化震撼的免疫。正如一个人可以通过慢慢适应水温来养成洗热水澡或冷水澡的习惯而不对身体系统造成太大冲击一样，你也可以通过慢慢融入新文化来避免受到文化震撼的影响。

我们已经建议，如果有机会的话你应该专程到台湾旅游一趟寻找房子。这样的半观光、半找房子的首次旅游，能让你更好地了解当地的情况。然后你便有机会马上回去把你的探险和担忧告诉你的朋友和亲戚，感受他们的支持和同情。这并不是说因公务到台湾居住就是判了死刑，但你确实还是要做出一些牺牲。你得在这个地方待上一段时间才能完全体会到来这儿的好处。

在动身前要提前一段时间和你的每一位家人好好谈谈。也许可以让不同的成员就台湾的文化、历史和习俗等不同方面写读书报告或做些调查，然后向大家汇报结果。可以租些中文录像带、吃中餐，或从台湾带回一些英文日报让他们了解台湾的时事。

避免文化震撼的下一步是，在你移居的时候带上一些你熟悉的物品。这些物品不一定是不可替代的传家宝或很值钱的东西，多数情况下只是一些普通的东西：带着熟悉味道的毯子、你用了很多年的旧铸

和妈妈聊天可以消除压力

铁平底锅或你最喜欢的作家的书。就像超人有“独处城堡”，里面放着从他家乡的星球带来的熟悉的物品，你也要把你的家变成一个“熟悉的避风港”。

你还应该尽可能重建熟悉的日常惯例。如果一家人以前都在早上 6:30 一起吃早餐，那刚来台湾的时候要保持这个惯例。要有耐心，要聆听你的孩子和配偶的倾诉，但不要光听，要给予有力的指导。要保持和国内亲戚的交流，鼓励孩子给爷爷奶奶写信。

再下一步是，承认会有压力和压力反应。任何事情都会变得不一样。你呼吸的空气、喝的水、吃的饭、交通方式、在外面见到的人、听到的事，对你来说都是新鲜的、不同的。压力反应包括逃避、改变饮食习惯、易怒、心不在焉、习惯退化（如厕训练、尿床），等等。如果是这样，就应该花时间和家人好好地谈谈这些症状。

确实，你能从老家带来的最熟悉和最温暖的东西是，而且也应该是：亲情。要巩固亲情。要花更多的时间陪你的孩子和配偶，而不是更少的时间。你可能会很想埋头做你的工作，但是，你应该留出时间和家人相处，直到你确信他们很好地适应了这里的生活。要试着让他们做他们感兴趣的活动，如童子军活动、健身操、桥牌。最后，你们应该相互交流文化冲击感和孤独感。你要让他们知道你也有同样的感受，你能理

台湾诚品书店是看书的好地方

解而且关心他们的感受。

居留台湾的外国人都说台湾式文化震撼对不工作的配偶或父母影响较严重。最常见的受害者是妻子。她们也许已经习惯了在自己的国家工作的生活方式。她们的孩子们尽管也有不同程度的压力，但却能很快融入学校的日常生活。她们的丈夫忙于那份让他们搬到台湾来的工作。她们却可能会在这个陌生的地方感到孤独。在这种情况下，她们的家人要注意到这点并一起努力减轻她在适应过程中的压力。值得庆幸的是，台湾是世界上最“连线的”地区之一，外国人可以通过网络摄像头、电脑和远在家乡的亲朋好友在线联系，而且只需支付上网费。

家人会给你带来最熟悉、最温暖的亲情

你要探索周围的环境：和家人一起到景点游览；在住处的周围多走走，主动和别人交谈；搞清楚外国人聚会的地点，到那儿去结识新朋友。台湾有好几个社区中心和援助机构专门为外国人社区提供服务。你还应该和这儿专为新来的人提供服务的机构联系；报名参加语言课程，在屋子里贴满中文词汇，学习起来会容易一点，有趣一点。很快，陌生的一切就会变得熟悉，焦虑也会变成感激。

健康

当你移居到一个陌生环境的时候健康状况很容易恶化。你到的时候有时差综合征，有一堆的琐事、全新的要求要面对，而且还有可能会得胃肠型流感。你每晚睡觉时都筋疲力尽，早晨起来又要面对令人沮丧的一天。更重要的是，你正经历着文化震撼。

要对自己善良温柔一点。要舍得花时间让身体康复。要强迫自己改变工作的节奏，以使自己能完成工作，而不是让工作把自己压垮。要坚持日常身体锻炼。如果你在国内慢跑、打乒乓球或高尔夫球，那就在台湾地区找找你能参加的此类俱乐部和设施。你应该加入到新的朋友圈，和与你兴趣相同的人多交流。

台湾的气候可能和你的国家的气候不同。这儿夏天湿热，没有多少自然降温的能力。人们只能靠空调降温，但这又可能导致热感冒。为了避免热感冒，你应该按照当地的习俗学会习惯整年都穿内衣。冬天比较麻烦，因为大多数家庭和办公室都没有暖气。同样的，你要学会混合和搭配多层衣服来保暖。

水

每个生活在台湾的人每天都需要大量的水，水是最基本的需求之一。这里夏天很热，所以一定要注意不要脱水。总是不停地有人在问这个问题："这儿的水可以喝吗？"答案是：台湾人自己从来不直接饮用未经烧开或过滤的自来水。虽然克里斯在北投区喝了多年未烧开的自来水身体也没出什么问题，但我们还是不鼓励你这样做。

除了细菌和病毒，水里可能还有一些更不易察觉但一样危险的成分，那就是化学物质（如复合杀虫剂）和重金属。把水烧开也不能去掉这些物质，而且它们不会自动从人体内排出。它们会在体内沉积，因此即使一次只留一点儿，长期积累下来也会对身体有害。做饭的水和饮用水都应该过滤和煮沸。很多当地人和外国人都让人送桶装水上门。你要认真选择桶装水的供应商，货比三家。卫生部门和消费者协会已经发现有些供应商出售的水质量还不如自来水。

食物

正如所有的事物一样，食物也有阴有阳。在你融入台湾生活的这段时间，食物可以是给予生命活力的源泉，也可能是消耗精力和体力的罪魁祸首。

当地卖的食物基本上是很健康的。美味的新鲜水果和蔬菜丰富多样，能为你提供营养、粗纤维和维生素。但是，吃之前一定要洗干净，这一点很重要。在台湾，农民还是经常用农药来保护小片菜园，而且用未经处理的天然肥料（人畜的粪便）来施肥。一直到不久之前，你还能看到台湾人使用滴滴涕（一种杀虫剂）和其他药力大而且不环保的化学药剂。所以蔬菜要进行彻底的浸泡、清洗和烹调。我们总

台湾当地特色美食蚵仔煎

把蔬菜洗得很干净，所以从来没有因为吃沙拉中的生蔬菜而胃不舒服。水果也可以生吃，但吃前也一定要浸泡和清洗。

台湾人从菜市场买回鲜肉或海鲜后一般要先用水洗干净，然后再放入冰箱冷冻。我们支持这种做法。你可以在市场上买到冷冻袋。所有的肉和海鲜都一定要煮透，当然，除非你要吃寿司或生鱼片。

还要注意那些自助餐厅、餐馆和路边食摊。虽然这些地方环境不一样，价格也不相同，但食物都有可能不干净。这并不是说你要像躲瘟疫一样防着它们，而是建议你在这些地方吃东西时要谨慎选择。最好是点那些你有理由相信是刚做的或可以现做的菜。

当地人正在制作小吃

在自助餐上不要吃看上去像放了很久、油乎乎的鸡蛋、蛋黄酱和其他食物。有一个朋友在一个大的五星级酒店吃完自助餐后就得了严重的胃肠型流感。他要了一份按他的口味做的煎蛋。厨师把搅过的生鸡蛋倒入带把的平底锅里煎，但是，在按照他的口味做的时候蛋的里面没被煮熟，而且很显然厨师用的鸡蛋也不新鲜。

说到这里，克里斯也在一家酒店的餐厅吃过自助餐，但经历完全不同。在自助餐厅的最后有一个切肉台，台上放着一个很大的带着骨头的烘火腿。克里斯走到厨师那儿的时候，厨师居然问他肉要几分熟（五分熟还是全熟），就像那是块牛肉一样，这让克里斯感到很吃惊。克里斯没有做选择，而是让生意伙伴儿给他提建议。那位伙伴告诉他，在台湾有一些世界上最健康的猪，没有美国猪带的那些必须被煮掉的疾病（如旋毛虫病）。但这个朴实的好名声因为近年来口蹄疫在台湾的爆发而受到破坏。在这件事上还是让食客们自己承担风险吧！但是，如果你确实想自己选择肉的熟度，那就记住台湾人从不用“半熟”或“全熟”这样的字眼。他们用分制，原话是这么问

中国人菜肴里爱放的调味料——味精

的："要几分熟的？"十分就是英文里的well-done，七到八分就是medium，而四五分就是rare。

台湾菜肴里还有一样你得知道的东西，那就是一种叫作味精的食物添加剂。这是一种嫩肉精，也是一种调味剂，在西方菜肴里有时也用来提味，但却是在东方国家被发明的。台湾的餐馆用大量的味精，在做泡菜或烧菜时像放盐一样撒在菜里。有些人对味精过敏，常见的症状是在吃含味精的饭菜之后，很快就开始流鼻涕和眼泪。如果你也对味精过敏的话，你可以跟厨师说不要在你的菜里放味精。

从国内带上你最喜欢的胃药是个好主意。像佩托比斯摩（Pepto-Bismol）、Kaopectate和我可舒适锭（Alka-Seltzer）这样的药，在台湾不像在西方国家那样容易买到。但是，当地有一种治疗呕吐和腹泻的药，非常好用，叫保济丸。这是中成药，装在便于携带的小塑料瓶里。一次要把一整瓶的这种棕色小药丸吞下去，用温水送服。但如果你呕吐或腹泻三次以上，那就应该去看医生。记住一定要迅速补充体内流失的水分。

污染

台北的地形是四周群山环绕，犹如坐在碗中。事实上，有一次我去台北旅游的时候，这种地形曾让我的一个朋友一语双关地问我："那你什么时候从这冲走？"关键是，这种四面环山的盆地地形使得台北的汽车尾气、工业和生活废气都不能飘散出去。日积月累，最后连感觉迟钝的人也会感到窒息，身体强壮的人也日渐衰弱。

因此，可以想象，每天早上在台北市中心慢跑不但会因为交通的原因变得危险，也会因为污染的原因变得令人痛苦。试着早早起床（像台湾人那样），趁着污染系数还不是太高去公园锻炼。如果你喜欢慢跑、骑自行车或摩托车，那你也许会学着当地人习惯戴上棉制口罩和眼镜。棉制口罩虽然太粗，不能阻止气体污染物，但能防止空气中的小颗粒进入你的鼻孔、肺和眼睛里。如果你戴隐形眼镜，一定要仔细清洗镜片，并随身带一瓶眼药水——你肯定会需要它！

烟囱城市

台湾人喜欢抽烟，尤其是年轻人。许多女人并不抽烟，因为以前只有坏女人才抽烟。拿出一盒烟并递一支给不会说中文的外国人是台湾人最常用的、最友好的打破沉默的方式之一。像在西方国家一些不抽烟的人那样皱起眉头拒绝接受烟在这儿被认为是不礼貌、缺乏文化应变能力的。最礼貌的拒绝方式是伸直五指把手放在嘴前，就像是在做单手祈祷一样，低下头说："谢谢，我不吸烟。"

街头塑料雕塑

虽然台湾还没有完全禁止在办公场所吸烟，但在政府办公室、学校、火车、出租车和其他许多地方吸烟都是违"法"的。但是注意，曾经生产非常流行的长寿牌香烟的烟草和酿酒企业每年的销售额接近 10 亿美元。

疾病

结膜炎　是由于接触空气中的污染物导致的一种很严重的眼球发炎，也称为"红眼病"，很容易传染。基于我们在上文已经讲过的台北的污染问题，你在这儿感染结膜炎是不足为奇的。我们发现一些非处方药，如博士伦过敏眼药水，如果尽早使用可以在发展成结膜炎之前有效阻止过敏反应进一步发展。如果药水治不好，那就要去找医生治疗。

肝炎　是台湾的一大健康威胁。甲肝通过食物和水传染。在外面吃饭的时候，要选择食物和水都卫生的干净餐馆；只用一次性塑料筷子或木筷子（卫生筷子）。反复

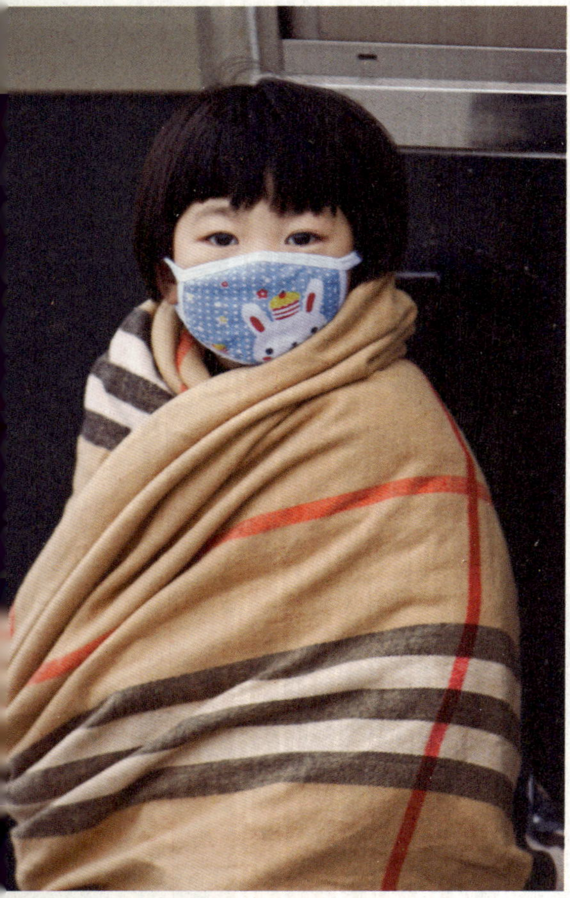

一旦生病了，当地人会自动带上口罩

使用的筷子往往洗不干净。乙肝更严重也更常见，而且会导致肝病或癌症。乙肝像艾滋病一样通过体液传染，唾液传染的几率不大。你可以通过接种一系列的疫苗来保护自己。

肺结核 这在台湾比在大多数西方国家更具威胁。这种病发作缓慢，通常只集中在肺部，通过已感染的个体的唾沫或痰传播。病菌可以在已干的痰上存活数月。这又一次地意味着，在外用餐时一定要用安全的筷子和卫生的餐具。用公勺而不是自己的小勺从盘里拿菜。

性病 这在台湾也是个问题。即使你只有一个性伴侣，你也应该知道保护自己和自己的性伴侣的必要性。虽然也许不像在马尼拉或曼谷的“付费性服务”中心那么严重，但可能感染的性病也很多，有梅毒、淋病、疱疹，甚至是艾滋病。这里有很多广告做得不错的专为外国人治性病的诊所。它们的存在是有理由的。保护好你自己。

严重急性呼吸道症候群（非典） 在2003年春天它袭击了台湾，带来严重后果。科学家认为这源于中国广东的动物屠宰场，病菌在传染给人类之后被携带到中国香港地区、台湾地区，以及东南亚和加拿大的多伦多。症状兼有流感和肺炎的症状，包括发烧、全身疼痛、发冷、鼻塞和气短。这种病是突然暴发的，而且抗生素不起作用。2003年的爆发仅在台湾地区就导致84人死亡。卫生部门努力应对，直到当年7月份这种紧急状况才宣告结束。但是，世界卫生组织（WHO）建议每个人都要警惕这种疾病卷土重来，特别是在较冷的月份。如果你在流感季节去台湾旅行，做好在机场、商场、餐馆和火车站量体温（简易快捷）的心理准备。你也许还会看到很多洗手用的消毒液，还有许许多多的口罩。你要自己预防，如果有流感症状就要去看医生。

如果你住的地方离墓地较近，要小心蛇。要知道在清明节时因为台湾人会把墓地周围的高草丛砍倒，蛇因此无家可归就会寻找新的居所，也许会躲在你的鞋盒后面或你的汽车下面。

蛇、虫子和蚊子

据说在“二战”期间，台湾是日本研究动物细菌尤其是蛇毒的基地。很显然他们在战后就把那些有毒的小动物都放了。我们不知道这个故事是否属实，但这个岛上的确生活着很多眼镜蛇、蝰蛇、银环蛇，还有“百步蛇”（如果你被它咬了，你会在走一百步的时间内死亡，因此得名）。所以，无论你什么时候在草丛中行走，尤其是在很高的草丛中行走的时候，一定要多加小心。要边走边弄出很多声音把蛇吓走，或者用一根拐杖在前面开道。晚上的时候要带手电筒。

小心你遇到的任何一条蛇。如果有人被咬了，可能的话就杀了那条蛇，或者至少知道那条蛇的尺寸、颜色和花纹等全部特征。如果可能的话，就把蛇装在袋子里拿到医院，这样医生能知道该用什么解毒药。同时，不要让被咬伤的人乱动。你可以在急救箱里放处理蛇伤的小器械箱，里面会告诉你怎么把蛇毒清除出来；但如果你没有这些器械，你可以把伤口用冰块敷住，以减缓毒素扩散。然后尽快赶到最近的急救室，那里备有解毒药，而且可以进行注射，当然你首先要弄清楚是被哪类蛇咬的。如果你还有更进一步的问题的话，退伍军人总医院有一个专门的毒物学中心。外国人社区中心也有关于当地的各种蛇以及什么样的蛇有毒的更多介绍。

蛇的形象经常出现在当地民俗节庆活动中

像登革热和日本脑炎这样通过蚊子传播的疾病在台湾也是个问题。要每周检查房子里有没有静止的、可能要发臭的水，包括花盆托盘里的水、花瓶里的水，甚至还有不常使用或冲洗的马桶里的水。除此之外，在家里的门上和窗户上加纱门和纱窗也是好办法。你还可以试试这些驱虫工具：绿色的蚊香，它会像香一样缓慢地燃烧；或蚊香的现代化代替品——电蚊香，把插头插入墙上的插座里电蚊香就会冒出烟雾。如果你住的地方蚊子泛滥成灾，你可以考虑在床上，尤其是孩子的床上挂个蚊帐。

医疗保险

台湾地区在 1995 年颁布实施了全台健康保险项目（NHI），所有市民每个月只需交纳少量的医疗费用就能享受该医疗保险。最近颁布的"法令"规定所有持有外国人居住证的人也必须加入这个项目，交纳的费用根据你的收入水平确定。持全台健康保险卡，你去医疗室或医院看医生一次最少可以只花 150 元新台币。牙科也包括在这个保险内。你也可以这样做，通过网络搜索工具，搜索"医疗保险"以查看更详细的信息。

医院

对医疗不利的是，全世界的医院都好像越来越官僚化了。在台湾，你也不要期待情况会更好。上台湾的医院要带上足够多的钱、身份证（护照或是外国人居住证），

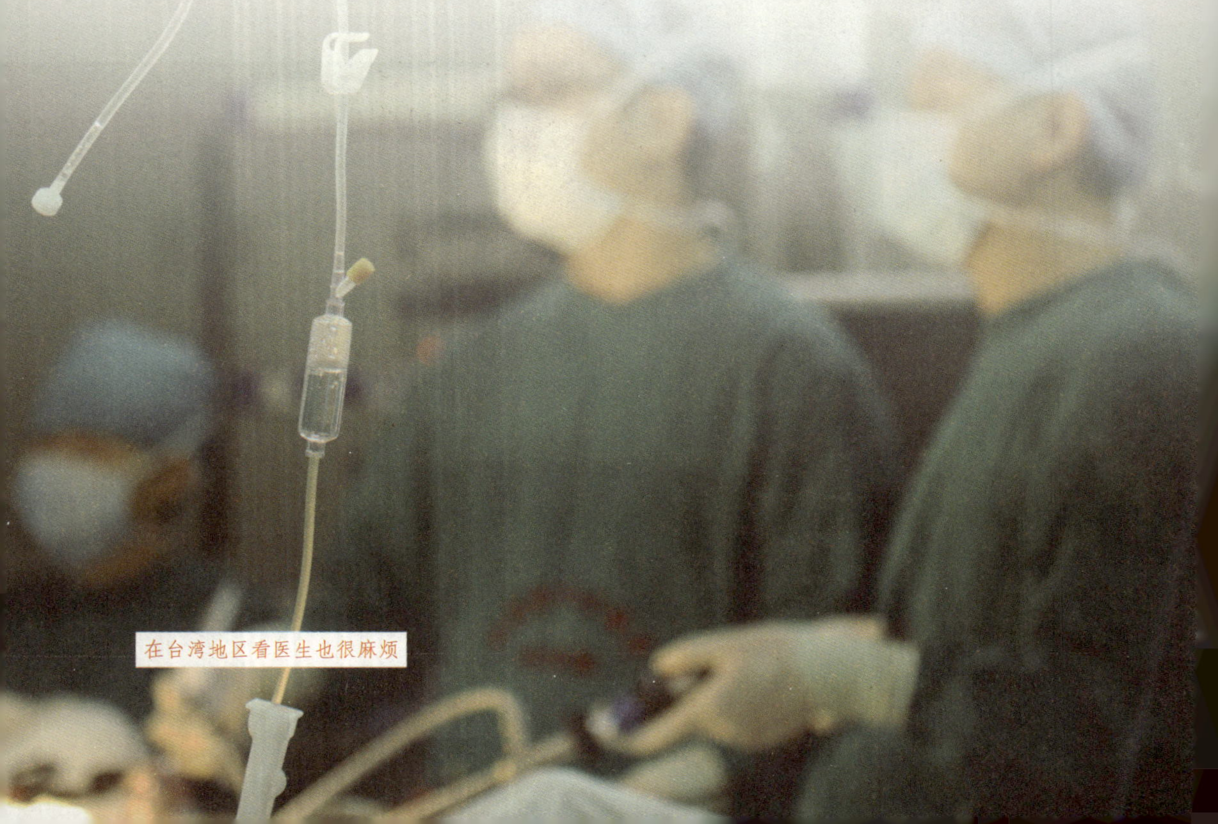

在台湾地区看医生也很麻烦

在台北看医生

“医生超负荷工作，很疲惫。他刚看完至少 100 个喉咙、200 只耳朵，已经用相同的灵丹妙药给每个喉咙和每只耳朵进行了喷洒和清洗，他给每个患者开出药方、提出劝诫，然后让患者离开。在医生身后有很多他这个科的医疗器材：斜躺椅、各种不锈钢碗、泡在消毒液里的不锈钢工具、不锈钢的喷雾器和吸气具。我们是上午门诊时间的最后一拨患者。”

——台北诊所的场景，克里斯·贝迪斯《不需要的单词》

还必须要很有耐心。做好心理准备，你会被人从这个桌子叫到那个桌子、你得等待、你得按医生的要求预交每项服务的费用。

比如，你耳朵感染了，感觉难受。你的配偶带你上医院。你们走到服务台，向接待员简要描述你的病情，然后要求找一位会说英语的医生。他们会告诉你你必须先登记、交登记费。然后他们给你一个排队的号和一张收据；你去看医生前还要再出示一遍你的号和收据。

交完钱，你走进等候区。把你的号和收据给值班护士看，她会告诉你到哪儿去等。叫到你的号的时候，你就进去看医生。他给你做全面的检查，问你几个问题，然后给你开药方。你付完药钱，把收据给药房，他们就会把药给你。

现在有些医院可以用信用卡。他们会给你一张小卡片。有了这张卡片，每个部门的人就都知道你要用信用卡付费。他们会把各个账单送到总服务台，你可以在那里一次付完所有的费用。

还有些医院提供贵宾服务，这种服务可以预约，不用怎么排队，全程英语服务，而且大多数情况下你可以少跑些路。但是，你得为此付费。

诊所

症状不严重的小病可以去诊所看。城市的主街道上都有成百上千的小诊所。在诊所看病比在医院看省钱。城市里还有各种专科诊所（ENT 表示“耳朵、鼻子和喉咙”，而不是“肠胃学”）。诊所都经卫生部门批准，通常由一到两个医生兼创业者经营。他们的营业时间比较迎合顾客的方便，不用预约，但通常没有会说英语的职员。你也许会幸运地遇到一个懂一些英文单词的医生，如身体结构、发烧、咳嗽和身体不适。即使不懂英语，他们也懂得看到的症状！他们会针对你的症状开一些药片和药水，通常是三天的量。如果你预约了的话，一般看一次医生的费用是 500 到 1000 元新台币。

药店

和西方国家的做法不一样，台湾地区的药店不受当地相关部门的控制。很多在西方国家只有凭医生的处方才能拿到的药品，在台湾地区可以直接到药店去买，不需处方，当然你得会用中文说出药名。这种情况有利有弊。如果你有反复发作的病痛，如过敏，你知道要用什么药，那你就不用总得去医生那儿开药方。但另一方面，某些药，如为你安和洛盖尼，因为很容易买到，会很容易被滥用。但是，这儿医院的药房还是只按医生的建议给药。

孩子的安全

到了台湾，你的孩子会处在一个全新的环境中。孩子，特别是小一点儿的孩子，天生很外向，很爱和别人在一起，所以你要确保他们是安全的。

你要让你在台湾地区的家像你在国内的家一样对孩子是安全的，甚至是更安全的。要知道很多在当地销售的清洗液和危险的化学品没有安全包装，而且也许外表颜色鲜艳、很吸引人，你的孩子会觉得它们很新奇很好玩。你一定要把这些危险化学品放在孩子够不着的地方。

上文已经提到过交通问题。在台北，你不要指望司机能及时刹车避免伤害到你和你的孩子。由于种种实用性目的，机动车拥有通行权，所以不要让你的孩子在街上玩耍。如果他们在国内习惯在路上骑自行车，到了台湾你要先领着他们，教他们在台湾的公路上如何骑车。他们骑车时要做好防护，要戴头盔，不要玩杂技。而且你要帮助你的家人熟悉当地的蛇和昆虫的外观，告诉你的孩子绝不能和这些东西玩。

活泼可爱的孩子更需要家长的精心呵护

在家里建一个“急救中心”是个好主意，把说英语的警察和医生的名字、医院和诊所的名称放在随手可拿到的地方。要知道最近的医院在哪里，而且也可以去参观一下这里的急救室，这样你能熟悉环境。记住，你在异国他乡，在紧急情况因语言或不确定性而造成的延误会带来生与死的区别。

在台湾地区，对外国小孩的犯罪行为不像在其他地区如菲律宾那样普遍，但你也不能掉以轻心；特别是如果你是来自一个犯罪猖獗的西方城市，而台湾相比之下很安全，这种时候你更不能放松警惕。

在学校里，你的孩子也有可能会进入“坏孩子堆”；这里的确有一些外国孩子的团伙，不管你觉得他们的背景有多深。你要知道孩子的行踪，要让孩子有与他们的年龄相符的自我责任感。如果你有 10 多岁的孩子，一定要让他们知道台湾地区的有关规定与自己国内的不同，很多概念也都不一样。虽然他们是外国人，但如果触犯台湾地区的有关规定，也要同样受到惩罚。

大麻、可卡因、海洛因、苯环己哌啶、苯丙胺等多种药物都是违禁品。对拥有和销售毒品的惩罚是很严厉的，但毒品的需求却越来越大。这并不是说这儿的问题已经接近西方国家毒品问题的严重程度。但你应该知道毒品是可以弄到的，所以要敏锐地观察你的孩子，看有没有迹象表明他们在用毒品应对文化震撼带来的压力。

犯罪

台湾有多种犯罪因素。远离这些因素就是要注意自己的言行举止，远离可能诱发犯罪的场所和情境。犯罪分子大致可以分为三种：有组织的犯罪集团、无组织的青年团伙和单个犯罪分子（小偷、扒手、流氓和毒品交易人）。

可卡因在台湾地区是违禁品

有组织犯罪

台湾有组织的犯罪集团，起源于清朝时期试图反清复明的爱国秘密组织。他们在复辟渐渐变得不必要时转向犯罪。如今，他们广泛从事勒索、诈骗、卖淫、走私、贩卖濒危物种和录像娱乐业。

如果住低楼层，一定要给窗户装防盗网

他们还和日本黑社会建立联系。除非你真想惹事（和他们做生意或殴打妓女），否则你不太可能会招惹到他们。

团伙

青年团伙也许对你才更是一种顾虑，因为他们行为冲动，所以很难预料。你应该知道台湾用重“法”，如对持械抢劫判死刑来保护公民。大家都知道，一旦暴力犯罪增加，官员就会找出已判刑的重罪犯“重击”，这样犯罪率就会（大大）下降。所以，你不太可能会遇到蒙面的全副武装的歹徒，最多只是带刀、螺丝刀，或喝醉了酒的歹徒。这也不是说他们就不危险，但是，要是好言相劝（不要低声下气的）并“给他们点面子”，你也许能摆脱困境，当然，你要会说中文！否则，就把他们要的东西给他们，不要等他们“自己动手”。

盗窃

不管你认为你家的周围环境有多安全，你还是应该给你的房子设置必要的防护。一搬进新家就要换锁。如果你想住在一层或是从街上就能够得着的低楼层，一定要给窗户装防盗网。当地人装这个是有理由的。哪怕是在有保安的“监控社区”，入室盗窃的案件也会发生。我们想起几年前的一个盗窃案。这个案子就发生在一个大家都认为很安全的高档独立住宅，小偷把搬家货运车停到房前，到房里把财物洗劫一空，然后开车扬长而去！

被盗物品几乎是不可能找回来的，所以你应该把所有值钱的和不可替代的物品开一份清单，最好带上照片、鉴定书和收据，然后给它们买好一份保险。

在路上

在路上成为犯罪受害者的可能性更大。比如，你和出租车司机有摩擦、事故或是不和，如果他从后面过来，手里拿着螺丝刀想捅进你肚子里，你不要感到吃惊。你还要知道市民们一般把自家屋前或店前的道路或地面当成自己所有，不管这是否被划为公共停车区。最善良的会立块牌子用中文写着“请勿在此处停车”，而最坏的会摆出所有能挡路的东西（旧椅子、煤渣砖、轮胎等）以免别人占用他的空间。

如果你傻乎乎地没看见他们的警告，你可能会在你的车子的发动机罩或门上发现一两道又长又深、得花好多钱修补的划痕。你也不用为此去报警，没有用的。你就直接把车开到修车处，然后给你的保险商打电话。

如果你遇到抢劫，或遇到事故而且有人受伤，或是你的财产遭到肆意破坏或被盗，那就报警。对于小的交通事故，如果双方都有责任，通常可以通过交换名片和交代其他细节私了。如果闹到法庭，这些信息也能证明你没有逃离现场。给交警打电话只会给解决问题增加一笔手续费。

自然的力量

应该引起你注意的两种经常袭击台湾的自然力量是地震和台风。英文“typhoon”一词就是来源于中文的“台风”。台风是在太平洋、菲律宾群岛东南部的上空由巨大的旋转气象系统形成的，能带来强风和暴雨。在大西洋上，这样的风被称为飓风。台风来的时候，风速每小时能超过150公里，雨几乎是横着下的，汽车都会被刮到桥下。

不用说，公共服务会中断，水和电也会停好几天。台北国际社区广播电台在7、8、9月份的台风季节会对正在靠近台湾的台风的进展进行报道。

在台风来袭的前几天，你要多准备一些冰块——停电时可以用来保持食物新鲜。

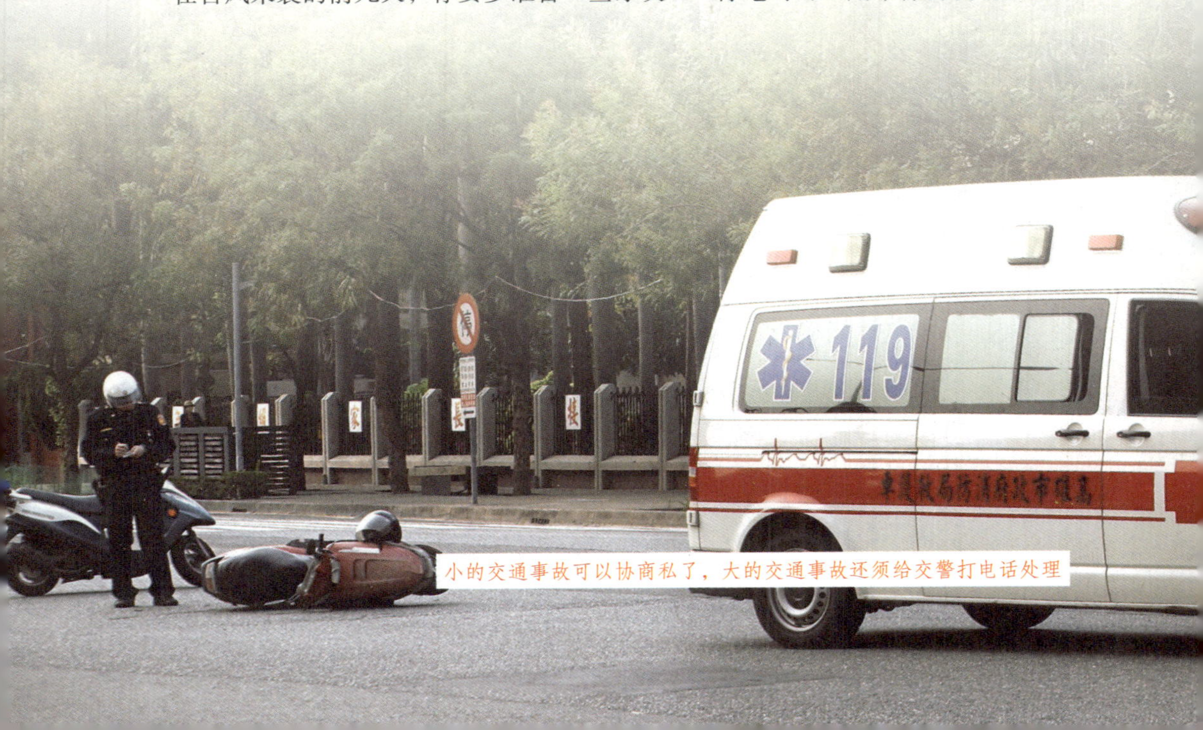

小的交通事故可以协商私了，大的交通事故还须给交警打电话处理

在纸箱里为抵御台风准备一个“台风器械箱”，放一只手电筒、备用电池、电池供电的收音机、蜡烛、火柴、一个吊脚或野营的炉子、几罐气、一些封窗户的胶带、一些空的可折叠的放水的容器和可以煮的干的食物，如方便面。这个急救和应急箱应该放在容易拿到的地方。

台风来的时候，人要待在屋里。台风中心过后，一切会归于平静和清晰，但这只是暂时的。台风的另一侧会很快到来。不要在外面被台风碰个正着，也不要靠近窗户。

台湾处于太平洋火山边缘带上。太平洋火山边缘带是环绕太平洋的火山带和断层带。这里很容易发生地震，而且其严重程度可以像 1999 年 9 月台中遭遇的那场大地震那样严重。在这场里氏 7.6 级的地震中，连台北的一些建筑都被夷为平地，全岛有 2000 多人丧生，40 多万人无家可归。地震导致大范围停电，结果新竹科学技术工业园好几个星期才恢复生产，导致了全球半导体价格上涨。这是台湾最严重的一次地震，这样的地震很少见，但小的地震时有发生，你应该有所防备。如果“大地震”发生，你为台风准备的应急箱会派上用场。如果你感到震感，那就远离窗户，因为窗户可能会破碎，要站到门廊下或躲到桌子下。不要坐电梯下楼，要走楼梯。

但你不要被这些警告吓得不敢来台湾。尽管有地震、台风、毒蛇和匪徒，台湾人已经在这个岛上繁衍生息了好几个世纪。他们是快乐的人们，总是勇于面对未来的挑战，而且建起了一个越来越好的社会。他们会欢迎你的到来，而且如果你也敞开心扉接纳他们，那所有的文化差异都会被克服。

台湾地区“9·21”大地震对建筑造成巨大的损害

第六章

美丽岛屿上的美食

“食物既是故事的背景也是反复出现的象征。和老朱味觉的丧失相伴随的，是他对生活热情的丧失。家倩对于烹饪的热爱源于她童年时期未能得到满足的欲望。而家宁在温迪快餐工作则明确地宣布了西方文化融入了当今中国。”

——詹姆斯·伯拉笛奈里关于台湾导演李安的电影《饮食男女》的评论

在台湾，吃饭是人们首要关心的大事，也是他们享受生活的方式。你可以想到这是由于这个地区人口过多，遭受过饥荒，又经历过艰难时世的缘故。普通话和闽南语中的问候语说“你好吗”就等于问“你吃饱了吗”。令人高兴的是，现在的台湾食品充裕，不管是在台湾还是外省，厨师们都精于烹饪。

定居下来后，你一定想要四处走走看看，品尝一些这里的无比丰富的食物。但是，在踏进台湾的餐馆或小吃城之前，你应当对你要期待的一切有心理准备。有一个词可以形容台湾人在吃饭或娱乐时所追求的氛围，那就是“热闹”。也就是说，西方人到法式餐馆吃饭追求的是那里安静舒适的环境，而中国人到餐馆吃饭寻找的就是和同伴朋友一起的热闹高兴的氛围。餐馆里充满了大声的，甚至有些喧闹的祝酒声。厨房里的炒菜声和邻桌收拾碗筷的乒乒乓乓的声音也能听得清清楚楚。这些也是享受的一部分。

有些外国人对此颇有微词：“为什么我不能安静地在外面吃顿饭呢？”那就去高档的西餐厅吧！对台湾人来说，热闹的环境是吃饭和生活乐趣的一部分。如果必须在一种严格约束的安静环境里吃中餐，他们会觉得不愉快。我们有几位加拿大朋友在日本居住了10年，已经完全习惯了当地的礼貌客气的文化。一次，我们一起去了台北的一家日本饭馆，老板娘过来手脚麻利地一边为我们上茶和开胃小菜，一边乒乒乓乓地为我们摆茶杯，忙得不亦乐乎。我的朋友因为已经习惯了日式服务的礼貌和恭顺，对此感到很愤怒。实际上，生气也没有用，老板娘并不是要对我们不礼貌，她只是想要更快地干活，忙完我们这一桌再去为下一桌客人服务。

所有人到台湾旅游的第一站——士林夜市

一日三餐

大多数西方人一想到台湾的饮食，立刻会想到米饭，米饭，米饭。事实上，普通话和闽南语中的“饭”，表面意思是“米饭”，但也可以泛指人们吃的一日三餐和食品。然而，不是所有的米饭都一样，台湾人吃的米饭和日本的“CALROSE”米相同，都是短粒的，富有黏性。这种

烤肠

米饭比你在中国大陆吃到的更好吃，也和泰国、新加坡等地的华人喜欢吃的香米不一样。

早餐

台湾人喜欢一天吃三餐，小吃零食随意。早餐或早饭一般会在早晨7：00到9：00。如果一家人喜欢西式风格的早餐，他们会喝牛奶，吃夹有肉松或煎蛋的面包片。有时也会买当地面包店做好的圆面包。这种圆面包和西方人熟悉的那种无馅面包不同，里面经常会有他们意想不到的馅料，有的馅料西方人喜欢，有的则令人皱眉头。通常有甜炼乳馅、肉松馅、金枪鱼馅、甜豆沙馅还有热狗肠馅。如果你不确信这些馅料是否新鲜，那还是小心为好。一些奶油牛角面包或是加工好的含有蛋黄酱的三明治更是如此。但是我们也要告诉大家，台湾当地的面包店也有卖上好的羊角面包和酥皮糕点的。

喜欢当地风味的家庭早餐可以喝粥，佐以花生米、咸鸭蛋、腌海带或腌黄瓜、咸鱼，或罐装的炸面筋等小菜。北方的外省人把烧饼和油条也带到了台湾。

烧饼是一种酥脆的空心面包，上面撒有芝麻。油条则是一种油炸的面食。厨师把拉成长条的面团放进烧热的油锅里，炸成金黄蓬松的油条。吃的时候把油条从中间对折夹入烧饼，通常和豆浆搭配在一起。豆浆凉热均可，甜咸随意。最普通常见的一种

夜市小吃

就是甜味的白色豆浆。热的咸豆浆是在原味豆浆中加入一勺腌萝卜干丁、香油、辣椒油、盐、油条末和青葱末，尝起来像鲜美的鸡汤，很值得尝试。

午餐

学生、公司职员和工厂的工人一般在中午12:00~13:00吃午餐。午餐一般装在便当（午餐盒）里。“便当”一词源于日本，原本是指从家里带来午餐，在学校和办公室加热。现在一些小饭馆用泡沫塑料餐盒外卖午餐，也会应约送到办公室。

午餐通常包括白米饭、炸排骨或炸鱼、炸鸡腿，也可以是炖猪肉、炒蔬菜、芥末凉拌青菜、豆腐干等。一些小餐馆提供的自助餐也是午餐的一种选择。晌午时分，厨师便忙碌着准备各种食品：炸鱼或蒸鱼、茄子、豆腐、青菜、排骨、炒鸡蛋——一般不少于12道菜。选餐时会问你要米饭还是粥，然后你可以点你想在上面加什么菜，女服务员会把这些菜堆在你的一次性托盘上，也可以喝到味道清淡的汤。

晚餐（正餐）

理想中的台湾家庭会一起吃正餐，这顿正餐也叫晚餐或晚饭，一般包括一道汤、两道蔬菜、鸡肉或海鲜，对于典型的三口之家来说足够了。如果有祖母帮忙做饭还会准备得更丰盛些。但如今，爸爸们外出应酬娱乐，晚辈们在外上学，于是妈妈们就在手推车的摊档尝尝一些特色菜，以回味年轻时吃过的那种味道。

有时一家人都在家，就会一起外出吃，或许吃碗面条，或许吃块臭豆腐，也可以吃碗卤肉饭、肉羹，或吃个肉粽。一家人已经决定第二天一起到外面下馆子了。有那么多可供选择的餐馆饭店，唯一的问题就是去哪一家好呢？

地方菜系

台湾本岛历史上就是一个流通集散地。1949 年，200 万全国各地的外省人来到了这里，更不用提本地丰富多样的蔬菜、水果和肉类，这些都意味着台湾注定要成为烹饪艺术交融会聚的乐土。这里有必要简要介绍一下各地的地方菜系。

- **台湾菜**　本地菜以海鲜、猪肉、鸡肉、清汤、蒜末或蒜片的使用而闻名。典型的台湾菜有蹄膀、海瓜子、芹菜花蜇、三杯鸡、家常豆腐。
- **客家菜**　几个世纪之前客家人就已经在台湾定居了。客家菜和台湾菜非常类似。特色菜有酿豆腐、酒瓿焗茄子、铁板豆腐。
- **四川菜和湖南菜（川菜和湘菜）**　这两个菜系源于中国大陆中南部，以蒜末和辣椒的大量使用为特色。你可以在点菜时要求做得不要太辣，但我们发现大多数外国人都可以接受这种辣味。最有特色的要数酸辣汤、干烧虾、鱼香茄子、麻婆豆腐、棒棒鸡、樟茶鸭子、宫保鸡丁、辣豆瓣鱼、干煸四季豆，以及辣到令人舌头发麻的麻辣火锅。
- **广东菜（粤菜）**　当大量广东籍劳工在美国修铁路时，已经把广东菜带到了美国。直到 20 世纪 70 年代之前，广东菜一直是中国菜的同义词。但是在传播过程中，很多菜都已经面目全非了，要了解真正的广东菜，你应该去亲口尝尝这种在中国南方大受欢迎的菜系。广东菜比其他的中国菜更清淡，色泽丰富，很少使用味道浓重的酱料。深受欢迎的粤菜包括腰果虾仁、咕咾肉、叉烧肉、冬瓜排骨汤、

客家酿豆腐

蚝油芥蓝。

■ **北京菜** 北京菜是中国北方的菜式。以面食为主，少吃米饭。著名的菜有北京烤鸭、涮羊肉——一道用酒精炉在饭桌上边涮边吃的菜。

■ **上海菜** 上海菜是指源于上海及其周边地区的菜系，以海鲜和鱼的烹饪为特色。特别要品尝宁波烧鳝鱼、西湖醋鱼。

■ **素菜** 由于佛教传统的影响，中国有些素菜做得极好。有些菜看起来或吃起来很像肉，比如素鹅，这是想让那些惯于吃肉的人能更容易接受。其他深受欢迎的菜还有炸面筋、发菜羹、素春卷。

■ **蒙古烧烤** 烧烤的概念据说是由成吉思汗骑兵的军旅厨房演化而来的。将铁板架在火上，宰杀猎物，和采集来的当地的蔬菜一同放在铁板上烤。台湾的烧烤一般是自选式的，付一定数目的钱就可以随便吃，不论是在本地人中还是外国人中都很受欢迎。选好自己要吃的生肉、蔬菜和酱料，然后可以当面看着厨师为你加工。

■ **火锅** 火锅是在饭桌上随煮随吃的一道菜。选好要吃的生肉、海鲜、蔬菜、馄饨和面条。火锅可以是石头火锅或者就是不锈钢的平底锅。一定要用台湾著名的沙

火锅是非常受台湾人欢迎的一道菜

茶酱。沙茶酱味道鲜美，不是很辣。台湾人往往在里面加入生鸡蛋，有时可能还会加入豆酱。火锅里煮好的食物在酱料里蘸一下再吃。

当地特色——改良过的担担面

- **点心**　点心通常和广东菜联系在一起。实际上，各地有不同的点心传统。吃点心又称饮茶，一般在上午 10：30 到下午 2：00。点心包括各种在竹笼中蒸好的新鲜出笼的吃食，是午餐的补充，能够使人精力更加充沛。这些吃食放在手推车上，由服务员推着在餐馆的过道上来回走动，应客人的招呼随时停下来。你可以随意让服务员停下来看看都有什么。虽然你会发现这些吃食点心看起来很好吃，但你如果不感兴趣，就只需说："谢谢，不要。"你可以在桌上的食物单上注明选中的食物。叉烧包、凤爪、排骨、虾饺和春卷都颇受欢迎。

地方特产

到台湾旅游，很值得注意的就是这里的各地都有特色食品可以品尝或带回家作为纪念。尽管现代交通发达，使得很多东西随处都能买到，但买一些回家后送给你的台湾朋友或是西方朋友，也不失为一种很好的礼物。既体现了人情味，也会引起大家对中国食物做法和旅途见闻的讨论。下面列举的绝对不是全部，希望你能发现其他的当地特产！

- **太阳饼**　产自台中，是一种白色的千层酥饼，中间有甜的夹层。可以单个购买，也可以成盒购买。
- **担担面**　担担面是台南的特产，一般都可以在小吃摊吃到。面条呈黄色，类似通心粉，在肉汤里煮了后在上面加上香喷喷的熟肉末，少许香菜。你可以再在上面加个卤蛋。卤蛋是把鸡蛋连壳在肉末汤中久煮或久泡而成。
- **乌龙茶**　世界上最好的乌龙茶出自台湾，台湾最好的乌龙茶出自东亭。
- **骊山的新鲜苹果和梨**　非常好，值得购买。
- **花生和花生糖**　是台南的特产。
- **焗笋干**　产于西投。带回家后泡开，蒸一蒸，是很棒的开胃菜。

后排（右一）是台南传统小吃之一——棺材板

- **棺材板** 一种街头吃食，烤好的白面饼中夹有带汁的肉末。
- **福州胡椒饼** 福州胡椒饼是在胡椒猪肉馅外裹上酥脆的芝麻油酥皮。
- **泡沫茶** 几年前，泡沫茶风靡台湾，传播到整个亚洲，之后又沉寂了。不论是否要加奶或是泡沫，可以先选要喝的饮料（茶或果味饮料），之后加入冰块，再用塑料膜密封。可以用他们提供的一头比较尖的吸管扎进杯中来喝。

异国风味

近些年来，随着台湾旅游业的发展，文化交流的日益频繁，异国风味的菜肴种类也大大增加了。25 年前，台湾的比萨饼仅仅是在汉堡包的面包上放一片罐装肉，再加上美国奶酪和番茄酱在烤箱里烘烤而成。如今，外国的快餐连锁店如必胜客和星巴克任你挑选。各种快餐已经渗透进了台湾人的饮食中，所以西方人不会吃不到麦当劳的巨无霸汉堡和达美乐比萨，也能找到希腊、意大利、法国、西班牙、墨西哥、美国，甚至英国等各国风味的餐馆。这些餐馆可能价格不菲，下面推荐一些相对比较便宜且方便找到的外国风味。

- **日本料理** 台湾历史上曾有近 50 年是日本的殖民地，因此台湾人学会了做日本菜和吃日本菜，再加上与日本贸易和联系的频繁，在台湾很容易找到地道的日本料理餐馆。一些深受欢迎的日本料理有：寿司、生鱼片、烤肉、铁板烧、天妇罗和乌冬面。
- **泰国菜、印度尼西亚和越南菜** 各地的海外华人在台湾开了不少民族风味的餐馆。食物爽口，略带辣味，价格合理。
- **意大利面** 自从据称是马可·波罗在游历中国之后将面条带进意大利，意大利面在台湾非常常见而且价格便宜。许多小餐馆（经常可以通过意大利代表性的三种颜色红、白、绿来辨识）都提供各种意式面条，配有红酒、奶油或白葡萄酒沙司、海鲜、培根、牛排、虾或蔬菜。一顿像样的正餐，包括面包、汤以及饮料只需花费 200 台币。必胜客、达美乐和当地的拿波里连锁店的外卖以及许多高档意大利餐馆的比萨也深受欢迎。

- **咖啡店**　以前主要由日本的咖啡连锁店垄断经营，通常是年轻情侣们经常光顾的地方。现在咖啡店在台湾地区随处可见。除了全球知名强势集团星巴克，BARISTA(咖啡师)、DANTE（但丁）、DOUTOR(罗多伦咖啡)、McCafe(麦咖啡)、Mr. Brown（布朗先生）以及价格经济实惠的 85 摄氏度等咖啡店也可以任由享受。除了咖啡和茶，你可以品尝蛋糕、蛋挞，有些地方还有三明治。

餐馆名录

现在，你可以非常方便地通过网络搜索工具，查询餐馆名录，就可以查阅到大多数地方风味以及外国风味的餐馆信息。

怪异食品、“壮阳”食品和非法食品

每个国家（地区）都有一些奇怪的食品和壮阳食品。美国有草原生蚝，菲律宾有毛鸭蛋，日本有河豚。通常人们认为吃了这些食品会提高性能力，或至少增强活力。用道家的理论来讲，这些食品是阳性的，会产生能量。你可能会在菜单上看到下面的这些食品。

- **海黄瓜和海蜇**　台湾人不认为这两种食物很怪异或是壮阳食品。海黄瓜通常用味道浓厚的酱汁来烹饪，而海蜇则是一道常见的凉菜。海黄瓜状若凝胶，无色无味，和不同食物搭配起来烹饪就会带有不同的味道。海蜇则是一道凉菜，上面加辣椒油、芝麻和香醋等调味品，口感筋道耐嚼。

在外国人看来颇为奇怪的吃法——海蜇黄瓜

- **整条鱼或整只禽类**　餐桌上的

台湾基隆庙的夜市

鱼或禽类食品通常是整条或整只烹饪的，西方人对此感到很吃惊。这就是说如果是鸡的话，会有鸡冠、鸡头、鸡眼睛、鸡脑和鸡脚，当然内脏是择除过的。克里斯还清楚记得他吃过的一顿饭，那是在他到台湾三个星期后的事情，房东女主人端上了一锅煮好的鸡，鸡头耷拉在砂锅沿儿上，好像正好直视着克里斯的眼睛。这种烹饪习俗的背后原因是为了使味道鲜美。如果主人把鱼鳃下面的肉夹给你，你应该觉得很荣幸，这个部位的肉被誉为是味道最鲜美的。

■ **砸开的骨头**　中国的厨师，做菜前或做菜后总会从骨头上切下一块猪肉或鸡肉。这样做是为了让这道菜味道更鲜美或更有营养，也会经常看到台湾人吸食骨头里的骨髓。然而，这样做有时使得菜里会出现骨头碎片，吃的时候要小心。你可以用筷子把嘴里的碎骨头夹出来，也可以直接吐在你的盘子上。照着朋友的样子做就可以了。

■ **炖牛鞭或鸡（或公火鸡）鞭**　毋庸多言！

■ **蛇血汤**　大多在蛇谷会有，挤出眼镜蛇和百步蛇等毒蛇的毒液，再活剥，取蛇血和胆汁与高度高粱酒混合做成鸡尾酒，或者和蛇肉一起煮成汤。

■ **熊掌**　据说熊冬眠时会将过冬的营养储存在熊掌里。熊呼呼大睡，靠舔熊掌来充饥。因此，中国人认为熊掌富含维生素和矿物质，是绝好的补品。但是熊在中国甚至在世界上都是濒危物种，熊掌做菜的成本过于昂贵，最好还是敬而远之。如果有人问你是否愿意吃，你可以回答说你的中国医生告诉你只需吃鳗鱼作为补品，不用吃熊掌。

■ **龟血鸡尾酒**　同样，龟血也在蛇谷可以得到，或者你可以看看电影《霸王别姬》，你会知道龟血鸡尾酒是如何做成的。乌龟的寿命很长（当然，在蛇谷不行），头状若阳具，所以被认为有壮阳作用。做鸡尾酒时，要把乌龟的头从龟壳中拉出来，切掉，将龟壳轻轻地从前向后褪去（龟脚仍然在动），倒入高粱酒，搅拌混合，和龟血一同倒出来。然后干杯！

■ **狗肉**　普通话中也叫香肉。在台湾，卖狗肉是违法的。尽管这样，宠物狗的数量还是在减少，在街头偶然会看到一些招牌上写着“香肉有售”。中国人认为狗肉是一种热性的补品，适合冬天进食，而韩国人认为狗肉应在夏天吃，这一点令人不解。不论是哪一种看法，都使得那首歌“那橱窗里的狗儿多少钱”有了一层新的意思。

■ **槟榔子**　槟榔子如烟草一样嚼着吃，所以有时又称“中国口香糖”。传统的售卖方式都是在路边摆摊卖，现在的路边摊档一般都是明亮的、有玻璃窗户的亭子，装备有空调，亭子里端坐着衣着暴露、迷人的年轻女人，叫作“槟榔西施”，她们以前很可能在美发店或者按摩中心之类的地方工作。槟榔子在用熟石灰熏过后，裹上槟榔叶来卖。在嘴里嚼了之后，颜色变得一团血红，经常被人吐到人行道上，让人误以为是结核病人吐出的令人恶心的痰。槟榔子的汁液让人有轻微的被麻醉的兴奋感，尽管如此，这是合法的。嚼槟榔成瘾的人在人群中一眼就可以被人认出来，因为他们的牙齿被槟榔染上了颜色，咧嘴笑时，一片血红。

槟榔子

喝茶

中国有品质上佳的乌龙茶、茉莉花茶、菊花茶以及各个品种的铁观音。在中国社会中，喝茶本身是一种文化，在台湾地区尤为如此。有一点很有意思，在世界上所有的语言中，关于这种饮料只有两个源于中国的字，这两个字都是汉语。茶是普通话里的称呼，“Tea”是福建方言中的词，在英语、法语和其他语言中都找得到它的踪迹。

在很多地方都能品茶，其中的礼节不尽相同。如果在商务会议期间有人邀你喝茶或喝咖啡，你可以回答说你喝中国茶。假如送上的茶是在西式的小茶杯里并且看不到茶叶的迹象，那就是用袋装茶叶泡就的。但是，如果端来的茶是在带盖儿的较高的茶杯里，很有可能茶叶就泡在杯中的热水里。得体的礼节应该是用一只手端起茶杯，用另一只手掀开茶杯盖儿，沿着茶杯沿儿上轻轻地转动杯盖儿，以将冷凝在杯盖内壁上的茶水珠刮进茶杯中。接着，将茶杯端近鼻端，打开杯盖儿闻茶香。最后再看看水面上是否还漂有茶叶。如果有，就再等一小会儿。然后再重复这一过程。但这一次或者可以轻轻地吹开茶叶来喝，也可以用杯盖儿推开茶叶。

另一个可以享受的特权是，到茶馆或朋友家里去喝“老人茶”。“老人茶”的名字是因为通常是长者喜欢和朋友一边品茶，一边吃点心，一边聊天而得来。喝“老人茶”时，一般会用一个小的宜兴紫砂壶，里面装满茶叶，放在一个小的陶盆中，陶盆里还有几个小茶杯。水烧 10 分钟左右再倒入茶壶，略微激活一下茶叶，稍后，再把水倒在茶杯上，显然是要冲洗并使茶杯预热。将茶杯在茶水中滚动几次，再用一个大的竹钳子夹出来，摆成一排。

茶叶泡好了之后，主人会将茶水倒入茶杯中，给你敬茶。同样你可以慢慢品味茶的芬芳。茶水里不再有茶叶需要你吹开再喝，轻呷一口，让茶水在口中停留片刻，如果你喝的是上好的乌龙茶，你会在初尝到香味之后，略微感到有些苦味，但待茶水咽下之后，你会觉得满口生津，回味悠长。中国人认为这种茶可以益“气”。品质好的茶叶可以冲泡 10 到 12 次，品茶人品尝到的每一巡茶的味道都不同。其间也可以吃一些点心，这些小吃不会破坏品茶和闲聊的雅兴。

和朋友们一喝茶一边聊天是一种享受

夜市甜点

了解中国的茶是很令人愉悦也很值得的事情。茶是台湾人自豪感的一个缘由，它会提供很多的机会让你打破僵局，了解他人，也同样会成为你终生的一个爱好。

外出吃饭

邀请

台湾人的邀请一般都是热情真诚并且即兴而发的。他们不会为了请吃一顿饭而提前一周发邀请。你可能会在下午 3 点钟接到台湾人的电话，邀请你晚上一起吃饭。假如你有空并且愿意赴约，言语间你要回应对方的热情和真诚。比如，你可以说："那太好了，我以前从未去过那家餐馆，谢谢你！"要和对方确认时间和地点。如果有问题，可以请求在有明显标志的地方碰面。

如果你没有空，不要仅仅说："不用了，谢谢！"这显得没有人情味。你最好有一个比邀请人的面子更充分的不去赴约的理由。那样的话，他或她就不会感到丢面子。尤其当邀请人当着众人的面亲自邀请你时，这一点更为重要。例如，如果你应邀和商业伙伴吃饭，但又安排了另外一个商务宴会。如果你仅仅说："对不起，我和 Z 公司的 Y 先生约好了。"这样会使关系冷淡。你可能不知道邀请人和 Y 先生的关系以及相对的社会地位如何。你这样等于间接地告诉对方："他比你更重要。"最好这样说："我很希望能去，但我已经买了票看我女儿的表演 / 我必须去学校给学生考试 / 我必须在酒店等着和老板开一个很长的电话会议。"诸如此类。

在台湾，婚礼、满月等邀请通常都是用书面请帖发出

既然邀请都是即兴而发的，所以如果你拒绝了但又加了一句话说：“我下周再去好吗？”就不大合适。最好说：“但我下周一晚上没有安排，我请你和你们公司的员工吃饭。”对方很可能也不会应约，但至少还留下了余地。但要注意，台湾人的人情味使得他们会诚恳地坚持，所以有些借口推辞是不行的。比如，有人约你去打高尔夫球，而且你曾经承认自己打过高尔夫球，这时你再借口说你没有球鞋而拒绝了邀请，他们会说：“我们可以在高尔夫球俱乐部租鞋穿。”如果再说你不想穿租来的鞋子就显你太无趣了。假如你说因为自己还不能让杆，他们就会说：“不要紧，我们可以和俱乐部安排让你打。”你要想出一个足够好的理由来推托邀请。

婚礼、满月、满岁或公司的新年宴会的邀请通常会用书面的请帖提前发出。喜酒的请帖一般都是大红色的上面有烫金的字。然而公司宴会的邀请经常是以口头邀请的形式。

便饭

在第九章中将会介绍典型的非正式的公司商务午餐的情形。在任何比小餐馆高一级的中式餐馆的情形大多相似。点菜时不用看菜单。如果你是和台湾人一起吃饭，最好不要为大家点菜，除非你已经在台湾住了很长时间，了解饭店的地方菜系和特色菜。即使是你做东，你也可以请你的台湾朋友来点菜。出于客气，他们会请你点，你还是要礼貌地坚持请他们点菜。甚至不要仔细地看菜单，这样会让别人以为你要点菜。把它交给同桌吃饭的“行家”吧！

为什么这样做呢？因为他们了解饭店的招牌菜。他们也懂得菜量的多少以及各种菜如何搭配。让他们点菜是给他们面子，表明你信任他们。如果你做东而让他们点菜，他们可以点自己喜欢吃的东西。这也省却了点得过多或者过少便宜菜之类的令人尴尬的问题。迄今，我们的台湾朋友还没有滥用我们的信任，点很多昂贵的菜，并且这样也为我们赢取了不少人情分。

如果你坚持让台湾朋友点菜，你应该告诉他们自己不喜欢吃什么，比如，不喜欢糖醋里脊，否则的话，他们可能会点，因为他们认为这些菜符合外国人的口味。但只有当你真的受不了某一道菜（也就是说对其过敏），你才能特别提醒请对方不要点那道菜。也许这家餐馆做的海蜇味道很好也未可知。问清楚对方都点了哪些菜，上菜的时候一道一道地确认也是非常得体的举止。每个人喜欢吃的菜背后可能都有故事，这会成为餐桌上谈论的最有意思的事情，也能让你有心理准备哪一道菜会摆在自己的面前。

台湾人如何点菜呢？他们通常的菜量是每个人一道菜，再加一道汤以及米饭或面条。比如，如果是四个人吃，他们就会点一道肉菜，一道鱼，两道素菜，一道汤外加白米饭。不会重复点某个风格的菜，如两道糖醋味的菜或者两道虾就不会一起点。和西方人不同的是，台湾人不会为每一个人单独点菜，而是点好菜一起吃，这要追溯到全家人坐在一起吃饭的习俗。除了吃午餐盒饭，点的菜总是大家分享的。你应该每样都尝一尝。对自己喜欢吃的菜你要表现出热情，并且给出合乎情理的解释。同样，也要礼貌地解释自己不喜欢吃某一道菜是因为不合自己的口味，但是你首先一定要尝一尝。不管怎样，他们一看就会知道你不喜欢某一道菜，所以最好还是坦率为上。

注意餐桌礼仪

用餐过程中，主人或者是坐在你旁边的邻座会为你夹菜。他们使用公用汤勺或者公用筷子。10多年前相关部门就发出使用公用筷子和公用汤勺的倡议以防止肝病和结核病的传播。用完之后要放回原处。有时他们也会熟练地将自己的筷子倒过来，使用另一端，你应该感谢他们的热情好客。你也可以之后给他们夹另一道菜作

台湾人点菜一般都是肉、素结合，再加汤、米饭

传统台湾的宴席

为回敬（尽管也不是必须这样做）。但是注意一定要使用公用筷子，用后放回原处。如果你使用筷子并不是很熟练的话，那就最好安坐不动，不要冒把菜掉在主人身上的风险（这样的事曾经发生过）。

给自己夹菜时，如果有的话，最好用公用筷子或公用汤勺。如果没有，可以要求提供。你的朋友不会觉得你很古怪，并且还会称赞你了解台湾人的吃饭习惯。如果是私交很深的一群朋友，而且他们都用自己的筷子夹菜的话，你也可以照做。但是，不要用筷子或勺子在盘中挑挑拣拣，甚至将筷子伸到盘子的另一边去夹一块看起来不错的虾肉。这样会让人觉得你很自私贪婪。最好在靠近你这一边的盘子里夹菜吃。

不能把筷子当作鼓槌用来敲桌子，也不要把筷子直立插在你的米饭里，因为这样会让台湾人联想到只有在祭奠死者时才用的香炉里的香，在餐桌上显得不吉利。大声的打饱嗝的声音有时被认为是不文明的，有时被认为可以接受或者很平常的事情，这要取决于和你一起的是哪一类的人。台湾人有时并不拘泥于一些禁忌，你经常听到他们一边大声打嗝，一边说："嗨，克里斯，你……呃……昨天去台中了吗？"不用因此而道歉。

牙签一般放在餐桌上或者饭后送上桌，有时会扎在切开的水果片上。中国人喜欢饭后剔牙，可能是为了卫生，也可能是要充分发掘这一餐饭的最大价值。但是不要张大嘴去剔牙，台湾人并不喜欢看到你的扁桃腺。实际上，台湾人通常用左手挡在嘴上，用右手拿牙签剔牙。

付账争夺大战

即使是你做东，请你的台湾朋友或同事吃饭、喝酒、唱卡拉 OK，或者其他娱乐，最后他们也会有一场付账争夺大战。这场战争并非是因为没有人付账而是因为争抢付账的特权而起。你经常会看到刚才还一起愉快地吃饭的人突然情绪激动，双手挥舞，说话嗓门越来越大，你以为接下来要发怒了。不要惊恐害怕，这只是正常的游戏规则。如果很明确是你邀请的他们，要确保你自己赢得这场"战争"。不要让他们从你手中拿走账单，而仅仅说一句：“好吧，谢谢！”如果是对方邀请的你，也要作势去争拿账单，但最后还是要让步，否则的话，他们会觉得丢面子。

有时在发出邀请时，就开始了付账的争夺。情形如下：你邀请你的朋友外出吃饭，他们之前都请过你。其中一个人坚持由他来请你，一般使用的“诡计”都是：“这是在我们家，我们去你们国家的时候，你再请我吧。”最好的回答就是很快活地（不要显得粗鲁）坚持说：a）上一次他们已经请过你了；b）你已经在台湾住了很长时间，这里已经是你的第二故乡了；c）毫无疑问，你期待他们去你的国家，等他们去了，你一定招待他们，所以你现在很高兴能请他们。

确保你赢得付账争夺大战的一项策略就是（如果很明确是你请客）在吃饭前或吃饭过程中，在别人不注意的时候把你的信用卡留给收银台。当账单送过来的时候同样会有一场抢夺“风暴”，但是他们一眼就看得出来为时已晚，并且一定会称赞你的计谋。最后你要感谢他们陪你一起吃饭。

宴会

在第三章你已经了解了参加不同类型的庆祝宴会应该带哪一种礼物。如果该宴会是为你举办的，或者仅仅是大家一起吃一顿大餐，你可以考虑带上一份礼物。一瓶威士忌（最好是 JOHNIE WALKER）就比较得体，很有可能在宴会上就打开和大家分享，但一定要先交给主人。

宴会的餐桌一般是圆桌，每桌坐 10 到 12 个人，通常都在单独的房间里。主宾坐在挨近主人的位置，面对门，背对墙。这一习俗起源于中国的武侠礼仪：最安全、最受尊敬的座位是背后没有入口（防止敌人从背后下手），而前边如果有敌人，又能够看得到的位置。如果不清楚自己是否是主宾，那就等着让人带领入座。

中式宴会餐桌上，最受尊敬的位置，一向是最安全、背后没入口的位置

每一个座位前都可以看到以下摆设：

典型的中餐摆法

■ 汤碗
■ 碟子
■ 筷子座和汤勺座
■ 筷子（有时是带有包装的卫生筷）
■ 金属公用汤勺
■ 陶瓷汤勺
■ 餐巾纸或擦脸用的毛巾
■ 茶杯
■ 白酒杯
■ 果汁或啤酒杯

餐桌上一般铺有桌布，中间是转盘。转盘两个方向都可转动，这样你就可以够得着桌上的所有的菜。不要随便摆弄转盘或将转盘转动得太快。在你入座的时候，桌上可能已经摆有一些如花生或干的西瓜子之类的小吃，你可以学着台湾朋友的样子，以估计什么时候可以吃这些东西。可能你要等主宾、主人或者其他“大人物”的到来，这段时间可以和朋友聊聊天，向他们讨教一些餐桌上的规矩。台湾人一般不会抱怨别人不守时，除非对方来得太晚，所以最好不要谈论有关守时的话题。

主宾来了之后，第一道菜就会上桌了，一般是一道凉菜。在有些饭店，还会有一个女服务员帮忙把菜分到每个人的盘子或碗里，在其他地方则是自己夹菜，客随主便即可。一共会有 10~12 道菜和汤，所以要掌握好节奏。不要因为自己饿了，头两道菜就吃得太多，最后，只能恨自己的肚子没有空间吃不下后面 3 道菜了。

最后一道主菜一般是米饭、炒饭或者面条（这也是一个信号，说明节奏正在慢下来了）。其他的一些文化指南说你不要去吃这些主食，但我们发现并不是这样，因为你会看到台湾人是吃主食的。但是如果吃得干干净净，尤其是吃完后再要一份也不妥当，不管味道有多好，因为这样表明你没吃饱，主人做得很不周到，菜点得不够多，没能使你满意而归。这是对主人的羞辱！

米饭过后，通常还会上一盘新鲜水果。在有些北方风格的中式宴会上还会上一道甜的蒸米饭和八宝饭或者豆沙馅的薄饼。如果不是这样的话，也不要要求上甜点。

如果你是主宾，你要知道什么时候可以结束宴会离开，因为其他人都等着你来发出信号。一般在最后一道菜和果盘上桌之后不超过 15~20 分钟就可以结束宴会了。你应该多谢主人的盛情款待和体贴周到，点了这么多美味的菜肴。也应该对他们在敬酒时表达出的友情表示感谢。如果一切都很顺利而且你确有愿望的话，请主人接着出去到酒吧或者到卡拉 OK 包厢聚会也不为过，但是不要去吃小吃、蛋糕或其他食品。

宴会上的饮酒之道

根据宴会的不同功用，祝酒的方式也不相同。家庭的纪念宴会上（婚宴、满月或者满岁），主人会到每一桌敬一杯酒，一般是啤酒或者绍兴酒（一种琥珀色的米酒，要热饮或者室温饮用，经常加冰糖或话梅）。

如果是公司举办的宴会，老板会给每一桌敬酒。同一桌的宾客之间也会相互敬酒。如果没有祝酒就喝酒（包括除了茶以外的任何饮料）是不大妥当的。坐在你对面的客人可能向你举杯，这是表示对你的尊重，也很有可能他是口渴了。如果你不举杯回敬是不可思议的事情。一般都会愉快地说一声“干杯”。这和日语中的汉字“干杯”是同样的，意思是将杯中酒喝干。在吃饭过程中的某些时候，你也要敬酒以作为回敬。试想：9 个人向你敬了 9 杯酒，再加上回敬 9 杯，共 18 杯啤酒或者白酒，还没有将其他桌上专门过来向外国朋友敬酒的计算在内！

台湾人，特别是男人，喜欢喝酒也认为自己善饮。他们事实上喝第一杯啤酒就会脸红。他们喜欢和外国人喝酒，也很乐于向你介绍当地的白酒。有些女人也能喝一点酒，但是那些喝得过多，不加约束的女人会被认为是“坏”女人（道德上放荡

在中国人看来，敬酒可以很好地增进彼此的感情

宴会饮酒

在一次宴会上（这是克里斯和宴请他的台湾主人的一个美好回忆），主人向客人宣布他知道克里斯不太能喝酒，所以给他拿了一个特殊的杯子。他把最小的一个白酒杯放在餐桌上。接着他笑着说："我为这个杯子挑选了一颗特殊的话梅。"然后他将一颗最大的话梅放在杯子里。杯子里几乎没有盛酒的空间了！你也可以试试同样的策略。

或者甚至是妓女）。不过这种认识在大学女生中正在改变。但是随着她们年纪的增长，她们也不愿意自己和一些阴暗的成分联系起来。但本地人会用一种不同的标准来衡量善饮的外国女人，会让其他客人感到新奇开心。无论如何，所留下的印象很有风险。最好要适度饮酒。

适度策略

对于不想喝酒的人，根据功能可以有几种代替的方式。如果是因为宗教或健康的原因从不喝酒，就直接说出来。可以用果汁代替。这也就是说在下一周他们不能发现你手持啤酒杯。或者，如果你开车的话，可以试试"指派司机"的借口；解释清楚这个词在西方的含义，希望他们不要认为你是个懦夫。如果你能喝一点点的话，每次敬酒就不要喝光杯中的酒。给你敬酒的人可能会指出这一点，但你可以微笑着一笑而过，他们会理解你的。

对于不想喝酒的人来说，可以利用一下策略来拒绝

我们还认识一位精力旺盛的美国公司经理，他将他自己的"指定代喝者"（一位可以代喝酒的公司员工）的借口带到了宴会上。如果是必须要喝很多酒的宴会，这一招使得他应付自如，但是这没有给他争来面子，因为他没有松开领带，放下架子，在当地人很放松的状态下和他们以酒会友。他也承认即使有代替喝酒的人，他偶尔也会适度地喝点酒。

关于宴会的最后一点提示：再也不会有谁去拿账单的问题，也不会有付账争夺大战！

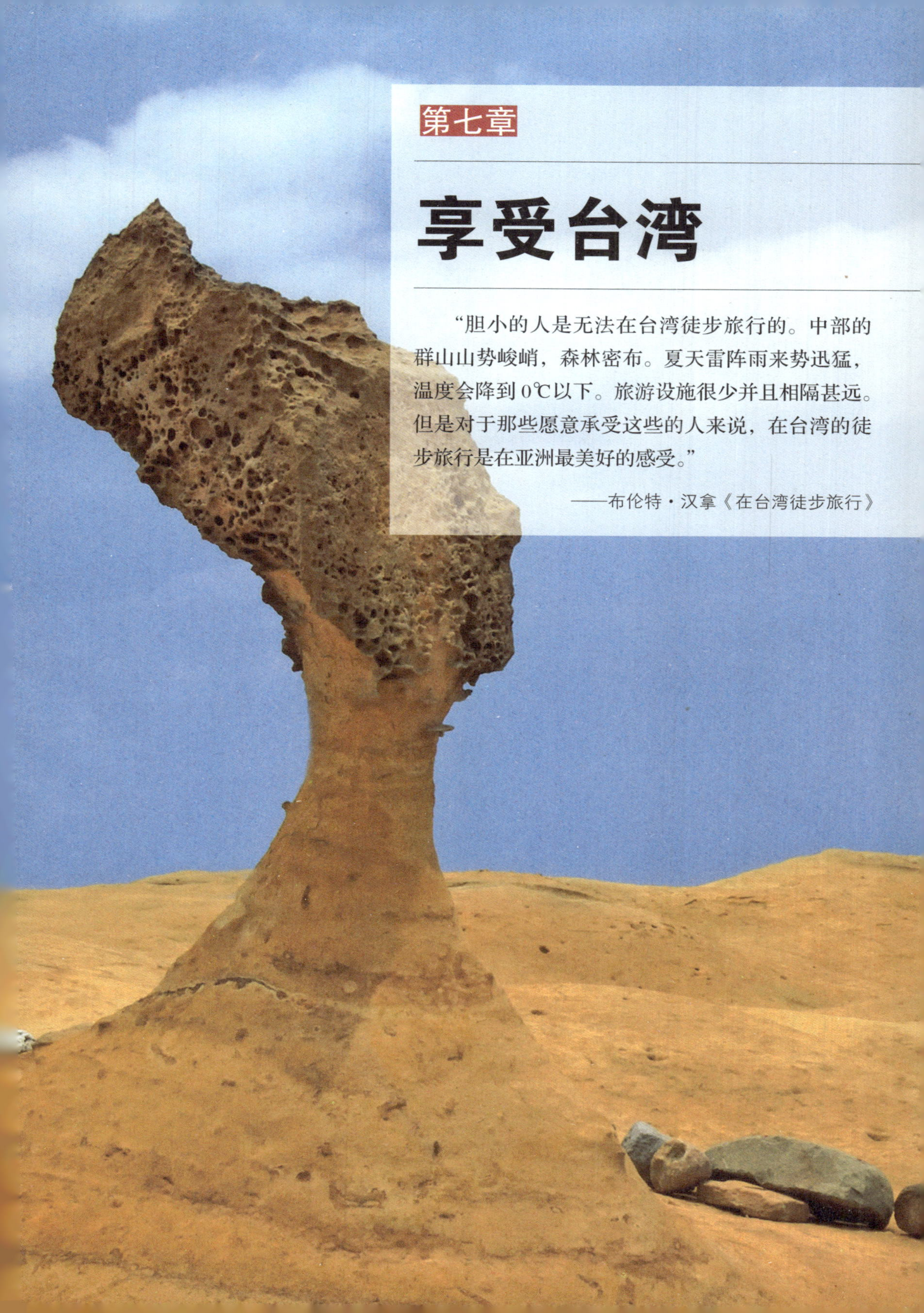

第七章

享受台湾

“胆小的人是无法在台湾徒步旅行的。中部的群山山势峻峭，森林密布。夏天雷阵雨来势迅猛，温度会降到0℃以下。旅游设施很少并且相隔甚远。但是对于那些愿意承受这些的人来说，在台湾的徒步旅行是在亚洲最美好的感受。”

——布伦特·汉拿《在台湾徒步旅行》

不论你是来台湾度假还是居住或是工作，你都应当尽量去了解当地的人情风俗。在岛上走的地方越多，越了解地方风味的饮食，欣赏丰富多彩的户外活动和各种假期，你就越有机会直接和热情友好的当地人交往。可做、可看、可吃、可品味的事情和东西有那么多，没有孤独无聊的时间去打发。

台湾人整天都在努力工作，晚上才是消遣娱乐的时间。和吃饭一样，台湾人的娱乐业讲究“热闹”二字。每个地方都很热闹：街头的小贩兜售各类服装、腊肠、水果、茶壶之类的商品；千万辆的摩托车的轰鸣声；望不到尽头的霓虹灯招牌点亮了夜空。同样，台湾人看电影也喜欢热闹：如功夫片和打闹剧。如果在电影院里，坐在你旁边的情侣津津有味地吃炸鸡或者质地坚韧的鱿鱼丝，或者大声地说笑，你不要大惊小怪。他们除了享受电影之外也在享受自我！

这种行为可能要追溯到 20 世纪 20 年代中国的戏曲表演。那种壮观的场面一半源于观众，演出过程中伙计会给观众送上糕点、茶水和热毛巾，客人把毛巾在半空中抛回给送毛巾的伙计。

大多数的宗教仪式也很热闹。热闹是一种壮丽的行列、壮观的场面，是色彩和骚动，是很多人聚在一起享受自我。一位疲惫的西方人哀叹道：“为什么我就不能在这些世俗的嘈杂声中有片刻的安宁呢？”你一定要记得，对台湾人来说，只有死亡才会意味着从此嘈杂声中得到安息。尽量和他们一起以他们的方式享受生活吧！尤其在他们邀请你一起热闹的时候。

台湾地区北部海岸野柳地质公园

娱乐

虽然你可能从身边总是坐得满满当当的餐馆得到了一个印象：吃是台湾人唯一的享受，但是那样你就错失了另外一半享受。

台湾地区北投温泉

温泉

只要你住在太平洋火山带，你可能同样会享受这种地理优势所带来的乐趣，那就是冒着泡泡的温泉水浴。自从日本人一个世纪之前在北投的山区建了度假胜地，台湾的温泉就闻名于世了，也曾在越战期间的休闲狂欢中声名狼藉。如今人们可以以很多方式来享受这些温泉。台北、花莲、台中都拥有高档的水疗胜地。也有一些乡村风格的度假村和传统的山脚浴室甚至全天然的温泉景点，如距离美丽迷人的天星度假村一个小时行程的地下温泉水奔泻涌入冷冷的山涧中，景色蔚为壮观。近些年来，在台北市郊的天母，星易弄300号，温泉浴室的四周涌现了一批高档饭店。在这里你能吃到很好的中国菜、台湾本地菜和日本菜，按照人头收取少量的餐费，并能享受豪华的私人帐篷温泉浴，还提供免费的毛巾。

我们建议你最好不要佩戴银的或者成色比较差的金首饰洗浴，这样会使首饰失去光泽。

影院

电影在台湾颇受欢迎。西方的电影一般都是英文的，带有中文字幕。但是要注意欧洲的影片通常都是原国家的语言，没有英文字幕。中国电影则有中英文两种字幕。

中国电影分为几种类型：高质量的严肃剧（数量很少）；动作片（包括警匪片、战争片、武侠和功夫片）；平庸的戏剧片；以及让人泪流成河的煽情的家庭剧。赤裸裸的色情片不允许公开放映。

从20世纪80年代开始，具有自己独特风格的导演开始采用电影的表达形式，如侯孝贤的《悲情城市》和杨德昌的《台北故事》。到了20世纪90年代，李安和蔡明亮成为最受认可的导演，他们引导了台湾地区电影业的第一次浪潮。台北电影节是台

看电影时的佐餐佳品——爆米花

湾地区最大的电影盛会，既有台湾地区新秀的影片，也有国际大牌导演的作品。电影节于每年初夏举行，票卖得非常快，所以建议你提前订票。当代的艺术类影片经常在台北SPOT影院上映。

城市里随处可见到影院。西门町是台北的时代广场，在不出10分钟的路程中云集了10家左右的影院和好几家百货商店。和时代广场一样，这部分城区生活水平较低，是妓女和毒品的汇集地，要小心为上。在城市的东部地区，刚过世贸中心，华纳兄弟公司紧邻台北101号建起了一家新的综合影院叫作“华纳村”，那里的影院装备有最先进的音响系统，喜欢赶潮流的人可以去那里看最新上映的影片。

现代化的影院如Miramar和华纳村，有网上订票系统和电影票预售。老一些的、低端的影院可能还采用原来的现场卖票方做法。电影票只能在开演前一个小时开始售卖。售票窗口的窗帘到时候会被拉开，售票员会让你挑选想坐的位子。每人每次到窗口最多只能买四张票，所以如果是一大家子人去看电影，要确定有足够的人去排队以买到需要的票数。

这种售票方式有自己的问题。每当大片上映时，票贩子就会出没。普通话里把他们叫“黄牛”。每场电影都有他们排队等候。虽然买票的队伍绕着影院排了好长，那些排在队伍前列的正常买票的人只是有些抱怨，但还是忍受着那些黄牛和他们的同党不断插进队伍中的鬼把戏。售票窗口的窗帘拉上时，所有的票都卖完了，黄牛们则四散到失望的人群中以每张票加价50%~100%的价格卖出。和他们吵架是不明智的，因为有些黄牛都是成群结伙的，有时还携带凶器。还是尽量去找警察为好。或者通过华纳村的订票电话订票，以免费神劳力。电话:(02)27572345。

现在的标准影院里一般都有爆米花和热狗等食品。你也可以从路边摊买鱿鱼干和汽水等零食和朋友一起吃。现在，街头食物中也有了国际性的新吃法，比如，在小的牛皮纸袋里装上草菇天妇罗、小小的比利时华夫饼，还有专为挑剔的电影爱好者设计的便携食品。

你是否终于买到了一张票？如果买到了，你会注意到影院的座椅分为左右两个区域，分单号和双号。电影开演之前会有果汁、机动滑板车和人寿保险的广告片，如果幸运的话，有时还能看到一些电影的预告。最后一点，在影院的灯熄灭之前，最好要向四周看看，弄清楚太平门（紧急出口）的位置。注意影院里不允许吸烟。所以如果你邻座的人点了烟，你尽可以给他指公告牌提示他注意。

夜店和酒吧

台湾地区的夜生活具有百科全书式的广泛性，囊括了各种形式。从台北 101 地区的舞厅到大学区的弹子球房，在台湾地区只要愿意寻找，总能找到适合每一种口味的娱乐活动。

KTV

KTV 指的是卡拉 OK 电视。你可能知道卡拉 OK 是个日语词，字面意思为“无人演奏乐队”。KTV 在台湾很常见，你可以带家人、朋友或生意伙伴一起去。你可以有单独的房间，有小吃供应，在有相对隐私的隔音的房间里点歌来唱。伴随着音乐屏幕

年轻人喜欢唱 KTV

台湾地区高尔夫俱乐部会员费很昂贵

上会显示歌词。通常有英文歌曲、中文歌曲和日语歌曲。在订房间之前要确认每首歌曲以及小吃的价格，否则到最后你可能会被账单上的收费吓一跳！近来有些 KTV 场所也和一些舞女酒吧类似，所以要确认之后再决定是否要带孩子。也有一些卡拉 OK 酒吧实际上是酒吧，配有卡拉 OK 装置，在这里你要面对一群醉醺醺的陌生人唱歌，但你有选择的自由！

高尔夫球

如果你是刚刚开始打球的新手，全岛有无数很具挑战性、配套设施很成熟的球场可供享受。俱乐部的会员费很昂贵，但台湾的商人把它看作一种投资，日后会出售会员资格以牟利。如果你们有生意上的来往的话，你可以告诉你的台湾伙伴你有这方面的兴趣，这样他们很可能就会邀请你。打完球之后的娱乐项目有温泉洗浴或是水按摩、桑拿和吃饭。

小赌

虽然赌博在台湾是非法的，但是有一些形式的赌博警察是不管的，比如麻将。麻将和西方的纸牌游戏相似。围绕麻将产生了一整套的麻将文化礼仪，近几年来不少电影里也在颂扬麻将赌王的神威。中国人打麻将要设一定的赌资。有些人甚至整夜不睡，玩这种令人上瘾的游戏。

当地相关的部门也经营自己的设置机巧的数字彩票，其目的很明确也很实际。和大多数的生意人一样，台湾人也不愿意缴税。商人们都有两本账：一本账上显示的是较低的盈利，另一本则显示的是真实的情形。于是当地相关的部门印制了统一发票，每个月所有的企业都要从税务部门购买一本编了号的发票。每个月这些发票编号都要抽一次大奖以此来鼓励老百姓买东西时索要发票。获奖号码登在报纸上。如果你想赢得奖品，可以让你的秘书帮你记录追踪这些号码。

在台湾的有些街头，你也可能会看到一位老人在他的自行车后座上放着一个炭火盆和自制的弹球板。炭火盆上的架子上烤着肥美多汁的台湾香肠。碰碰运气吧——每次花 10 元新台币。克里斯到目前为止还没有赢过一根香肠，最后总是央求对方卖给他一根！

其他

保龄球是一种很时尚而又价格适中的室内娱乐活动，老幼皆宜。大多数的大城市及其周边地区都有这种综合性的康体中心，可以租用鞋子。

钓鱼原是一种传统的消遣活动，现在也已经与时俱进了。你可以在那种按小时收费的储满鱼虾的水泥池塘里试试运气。这些地方也经常设有厨房，可以加工你钓来的鱼虾。

给热爱文化活动的人

每周台湾都有某种形式的文化娱乐活动。一些很出色的芭蕾舞团会表演原创和经典的曲目。特别要去看的是云门舞集。

几种地方传统戏曲也会上演。过去常常是这样，节日期间在僻静的街道上搭建起舞台，连续几天演出歌仔戏和布袋戏，现在偶尔也会看得到，但更多的是街道两边拴起绳子，挂着屏幕，放映电影供整个社区观看。评剧和京剧在剧场里演出。不要指望能听得懂唱词，仅那些音乐、色彩、杂技和动作就足以令人激动。

大名鼎鼎的通俗演出在台湾日趋停止。可以收听 ICRT（本地的英语广播台）了解详细情况。演出的票价昂贵并且卖得很快。

父子钓鱼

节假日

我们已经强调过了，台湾人喜欢热闹，这一点在节假日看得尤为清楚。一年中的各种节日庆祝使其拉长为更热闹的节日庆典。节日和假日由宗教或文化等多种纪念日发展而来。前者一般都取决于农历（阴历），后者则取决于阳历。这里按照阳历的顺序来讨论这些节日。

假日

这里已经废除了很多和蒋介石及国民党有关的假日。其他的假日（2005 年的例子）还有：

2 月 8 日至 11 日	农历新年（每年日期不同）
4 月 5 日	清明节（扫墓日，每年日期不同）
6 月 11 日	端午节（每年日期不同）
9 月 18 日	中秋节（每年日期不同）

中国新年

也叫春节，节庆持续时间很长，从农历腊月初八到次年正月十五。春节这一天一般处在阳历 1 月 10 日到 2 月 19 日之间。这是全世界华人最隆重的节日。庆祝的方式根据年龄、性别和婚姻状况而有多种不同的方式。它庆祝的是新的一年的开始、新的希望的产生、春天的到来和新一轮的庄稼。春节前后有三天的法定假日。这个假期可能是非常精彩的，能够丰富你的文化体验，也有可能是你在台湾期间最孤独的一个星期，这取决于你的性格是否开朗，是否有台湾朋友。

中国农历新年的吉祥装饰

除夕之前，生意人（或人们）会忙于了结旧账。新年到了还有旧账未结会被认为是倒霉的事情。由于人们忙于将资产兑现以还债，当铺老板的生意格外红火。当然，收回别人欠自己的债款也很重要，因为在新年期间，花费也会达到最高峰。

春节快乐

这段时间，公司一般会举办宴会招待员工。一家中等规模的公司可能会花费好几万美金。宴会上通常也会有某种抽奖活动。奖品可能由公司发放，由老板捐献或者由大的供应商提供。如果你的公司接到请求为其他公司的宴会提供礼品，至少要花费 3000~10 000 元新台币。照相机、家用电器或礼品券都是恰当的选择。员工也有望得到新年的红包。红包的额度应不少于额外一个月的薪水，如果公司情况不错的话，也可以给得更多。有的公司会在年前或年后安排一次旅游作为另外一种对员工的激励。即使是中等规模的公司也可能为所有的员工预订到曼谷、中国香港地区或至少到垦丁的旅游。

个人的花费也要增长。除夕时全家要欢聚一堂，吃一顿丰盛的晚餐。未婚的子女还会收到红包，里面装有压岁钱。孩子还可以走亲戚，走到亲戚面前，礼貌地要求："恭喜发财！红包拿来！"

春节期间拜访台湾朋友，你要随身准备一些红包。每个红包里放一张 100 元新台币的钞票，这样碰到孩子时你就有备无患。如果有的孩子胆小害羞不敢上前，你也可以问他："你不想要红包吗？"这样显得很有人情味。带上一篮水果尤其是橘子，也会很得体，因为橘子看起来金灿灿的像金子一样。在春节期间人们尽情享乐，昼夜不停歇地享受各种小吃时，这些橘子也会被一扫而光。

你会看到人们在家里和办公室的门上或墙上贴上红纸，上面写着或金色或黑色的汉字。如果你是个敏锐的人，你也会看到墙上的"春"字是倒着贴的。这是因为在汉语里"春倒了"和"春到了"发音相同。到处你都会看到鱼，特别是金鱼的形象，同样也是因为"鱼"和"余"发音相同，是富裕的意思。很多新年的问候语中也有这种谐音。除夕午夜时分，断断续续的放鞭炮的声音如雷声般响彻整个城市，一直持续到凌晨 5 点钟左右，把你的睡梦惊醒，让你无法继续安睡。据说，这样做是为了驱魔辟邪，迎接新年。

台湾地区的农历新年

大年初一，家里的每个人都要穿新衣。这一天可以走亲戚、看电影、吃小吃、玩玩麻将或者赌赌钱。甚至孩子也会加入投注，玩掷色子或扑克牌，哥哥姐姐想方设法去赢弟弟妹妹的压岁钱（通常会成功）。到处都听得到窗户里传来哗哗啦啦的麻将牌的声音。

按照习俗，大年初二是妻子们回娘家的日子。在过去，妻子成为丈夫的虚拟财产，也总是受到婆婆的虐待，中国文化中婆婆的凶恶是出了名的。但在新年，妻子们可以得到解放，回娘家一天。虽然这些年台湾的现代家庭主妇们并没有如此惨境，但这一习俗保留了下来。

你也许想和其他人一样在节日看看贺岁大片（和好莱坞的圣诞节大片一样），那你要小心，扒手们和“黄牛们”在节日期间也加班加点，可能就和你一起在排队买票。

大年初三，待在家里会有好运。从早到晚电视台会播放新年特别节目，所有节目都大同小异，和去年的贺岁节目也没有什么两样。你会被“恭喜恭喜恭喜你呀”的歌声淹没，使你想要尖叫。但在你尖叫之前，别忘了那些去美国的台湾人在圣诞节期间也被《白色圣诞节》之类的音乐所淹没。

假期休息期间，商店、饭店和其他做生意的老板们自己决定是否营业。很多小店会关门休息两个星期，所以不要陷入冰箱空空如也、衣服还在洗衣房的窘境。事先问问你经常光顾的店铺会不会关门休息。便利店、电影院和很多大的百货商场一般开门营业，但银行和其他相关部门肯定会放三天的假。新贴上的商品价签上的价格比平时上涨了 15% 到 20%，因为店家也想趁着大家过新年的喜庆劲儿大赚一笔。街上的计程车也很少了，并且可能不按里程表计价，而是由司机要价。如果你决定离开台北或者干脆离开台湾休息一段时间，你会发现有此想法的人不在少数。最好早早预订，提前 6 个月并不算很早。在很多地方的度假胜地，你可能还要支付旺季上涨的费用。

元宵节

元宵节在春节后的两周，农历的正月十五，标志着春节节庆的结束。在中国古代，这一天是个奇妙的日子。只有在这一天，平时不能轻易抛头露面的、贞洁的未婚年轻女性能够得到允许，美丽娇羞地打着纸灯笼外出，在金色的烛光灯影中，让求婚者一窥芳容。这一天只是新年的另外一部分，并不是普遍的假日。青年男女们打着形状各异的装电池的塑料灯来庆祝这个节日。在郎山寺和官渡寺还有传统的灯谜。

其他节日

2 月 28 日是纪念日。1947 年 2 月 28 日，因国民党缉私人员殴打一名摆香烟摊的妇女，激起人们的愤怒，纷纷罢工、罢市、罢课，走上街头，游行示威，这是台湾人民举行的一场轰轰烈烈的爱国民主运动。

4 月 5 日是清明扫墓节，在第四章有关葬礼的部分中，我们已经介绍了台湾人为了给亲人寻找一块合适的“风水好”的墓地所需的花费和经历的种种麻烦。中国的公墓和西方的经营方式不同，在西方每年要交一笔费用维护墓地和雇用园丁，而台湾地区的大多数墓地都长满荒草。但在西方，全家人很少再次去墓地探望故人。在台湾地区，每年都要有这样的仪式，全家人走进山中，沿着满是荒草的偏僻小道，走过千百座别人的墓地去寻找亲人的坟墓。到达之后，一家人便将墓地打扫一新，清扫、擦拭、割草、燃香，之后放上供品，还要在砌在墓上的一个小小的烟囱中烧纸钱。

元宵节赏灯

劳动节

和全世界一样，台湾地区的劳动节也是5月1日。

北岗妈祖节

每年一次妈祖的诞辰（农历三月二十三日，阳历的4月或5月）在北岗（台北往南四小时车程）妈祖主庙举行的妈祖节是不容错过的景观。成群结队的信徒们作为神使，用轿子抬着当地的神灵从全岛的各个地方赶来，加入庆祝妈祖生日的庆典。共有成百上千顶轿子。快到的时候，他们要燃放一串串的鞭炮以驱走路上的恶魔。地上燃放过的鞭炮的纸屑没过你的脚踝，空气中弥漫着青灰色的烟雾。纸钱堆成了山，燃烧的香茂密如森林。到了夜晚，你会看到DANGKI（灵媒）通灵的景象，他们用剑和钉满钉子的木棒打自己。

端午节

端午节在阳历的6月，其庆祝的方式包括了可能是世界上独一无二的一项运动。这个节日起源于中国古代一位溺水而亡的官员。公元前221年（编辑注：应为“公元前278年”），这位著名的诗人学者兼辅政——屈原开始宣扬反对秦王暴政的政策。他发现自己的意见受到了藐视，而且那些反对他的侍臣们则开始谋害他，于是便投水身亡以示反抗。人们为他忠于自己原则的精神所感动，他们把粽子扔进湖水中喂鱼，这样鱼就不会吃掉这位爱国者的尸体。

端午节必备食品粽子

如今，在有中国人居住的很多国家和地区都会举行龙舟赛来庆祝这个节日，比赛象征着人们试图拯救屈原的美好意愿。这种比赛在台湾变成了一项有组织的赛事。从澳大利亚和美国远道而来的龙舟队也竞争参与淘汰赛和最后的决赛。节日期间也要吃粽子。

“鬼月”

传统的中国信仰认为农历七月初一地狱的大门会打开，给那些阴间的鬼魂一个出来休息的机会。前面我们已经解释过在传统中鬼魂对于活人世界的影响，以及让这些鬼魂衣食无虞，保证他们平静安稳的重要性。格外谨慎的中国人在这个月会小心行事：不举办婚礼，不开张新生意等。农历七月十五这一天，人们还要为家里死去的人办宴席。桌子摆好，转盘上放上菜，还要烧香和纸钱。等上一段时间，让鬼魂们吃饱了之后，全家人会再坐下来吃他们的“剩菜”。

另一款团聚美食月饼

孔子诞辰日

这位受人景仰的学者、哲学家的诞辰——9 月 28 日，被作为节日来庆祝。在孔庙，人们身着传统服装，在古乐演奏声中，举行特殊而庄严的祭拜仪式。你可以买票参加，但必须提前很早预订。

中秋节

绝大多数的中国人都出身于农民。如西方人所了解的一样，中秋节在中国人的传统中处在夏播秋收这段时间的末尾。具体的日期是农历的八月十五。到了这个时候，粮食都已晒干并且储存好了，做好了过冬的一切准备。这是在漫长寒冷的冬季到来之前的一次狂欢，也是次年的春天来临之前的最后一个节日。

如今，台湾家庭会到户外赏月、喝茶、吃月饼来庆祝中秋节。月饼小小圆圆的，里面的馅料有各种甜的酱、干果和蛋黄。孩子们喜欢放鞭炮和烟花。这个节日为阴历节日，因而每年的阳历日期不尽相同。

爱好与消遣

在整本书中，我们讨论了中国文化和台湾地区文化的方方面面。如果其中有和你的个人爱好相吻合的方面，你可能会进一步深入探究。实际上，培养一种爱好是克服文化差异所带来的心理震撼的一种方法，也能让你更好地了解当地的风土人情。下面是外国人经常从事的一些颇受欢迎的爱好。

武术

早晨在公园里有少林武术和道教门派武术的训练，晚上则在一些私人的学校里开有训练班。你可以到不同的学校去观摩旁听，选择一套适合自己的体系加入训练。也可以练一练日本的武术，如空手道、合气道和柔道。韩国的跆拳道因为动作敏捷、力量大，所以也很受欢迎。近些年来，还有一些国家的武术也加入进来，如巴西、菲律宾、印度尼西亚的武术以及西方的拳击等。

书法与绘画

中国人几千年来用毛笔和墨描绘、书写着他们的表意符号。在这里很容易找得到老师，学习这些艺术可以促进你的中文学习。

中国武术

徒步旅行

台湾的大大小小的群山使得你可以在台北市附近进行比较轻松的一日徒步旅行，也可以到边远山区的高山进行更有挑战性的、需要花费一周时间的短途旅行。可以上网查找相关路径、合适的日期。

潜水

在台湾东部南端附近的北部海岸和兰屿群岛附近，有很好的潜水区。请查询相关网站了解有用信息。

漂流

可以在台湾东部的花莲地区预订该项活动。

古董收藏

在台北故宫博物院近距离接触了那些好东西之后，你可以继续搜寻岛上众多的古董店来开始你自己的收藏。要买那些你真正喜欢的东西并且要狠狠砍价，因为很可能你买的东西达不到收藏的级别。

放风筝

中国人放风筝有几千年的历史了。如果你够幸运的话，你会看到长达几十丈的龙风筝在天空中扶摇直上，蔚为壮观。你也可以学习放一放。

烹饪

社区委员会和俱乐部经常举办此类课程班。可以借机了解一下当地人是如何在厨房里创造出奇迹的。

不容错过的景点

台北本身就有不少值得探索的地方。在本书后面的“更多阅读信息”部分列举了几本很好的旅游指南手册，能帮助你安排行程。在这里，我们要指出的是那些你一定要努力看一看的地方，以加深你对台湾的理解，但我们把细节留给那些指南手册来告诉你。

龙山庙景区

这是台北一个非常传统的地区，位于中心区的西南，被称作“万华”。龙山庙是其中心景点。龙山庙原建于1738年，后遭受火灾、地震、轰炸，多次重建，但依

健康小提示

你开车观光台北的行程可以按如下安排：

■先开车到阳明山。阳明山位于台北北部，是当地富豪和移居者青睐的宝地。在这里你会经过很多私家别墅，都有庭院和花园，有些还有自己的游泳池和网球场。这里的空气比较清新，房屋宽敞，景色宜人，但价格也是天文数字。虽然美国俱乐部就在附近，但购物、上学并不十分方便。

■从阳明山的另一端下山就到了威灵顿山庄。这是一个依山而建、满目青翠且安静的老社区。因为大多背对台北市，单体别墅的价格要比阳明山略低一些。这一地区比较僻静，公共交通不太多，出租车司机也不乐意一路开到山上来接送客人。

■下一站是天母。在去天母的路上途经石牌。这里虽然有零星的外国人居住，但还是以中国人为主的一个社区。随着途经石牌的台北大众快速传送系统的完工，这里作为一个选择的吸引力更大了。石牌和天母之间的一个非“官方”的分界线，是荣民医院对面的一条小溪。

■中山北路尽头的天母在台北市北边半小时车程的地方。这是最显著的外国人聚居区。这里有台北美国学校和日本学校，还有台北青年协会（外国青年社区中心）。这里的很多杂货店如JASONS和MATSUSEI都卖国外食品和特色商品。这个郊区城的部分中心区就是中山路的公共汽车终点站。公共交通和出

然保持着原有的非常传统的风格。由于在过去的几百年中，庙宇是一个重要的社交中心，周边地区就成为繁荣的商业区。现在这一地区因为允许色情业经营而闻名。蛇谷距离这里仅一个街区，每天晚上这里的游客、吃客云集，还有那些前来观看现场宰杀乌龟和蛇的那些胆大的看客们。

龙山庙上以龙做装饰的飞檐

租车都很方便。

■在天母上学、社交、购物和居住都很方便。这里的住房也多种多样，从挤在小巷中的高层公寓到山脚的小别墅，到小街道上一层的步入式的单元房，一应俱全，价格也各不相同。空气质量比台北市内好但不如阳明山。到台北市内上班要花一个小时，如果乘公共汽车并需要换乘的话需要花两个小时。

■天母和台北之间是石林。这里原来是当地的租界区，近年来发展迅猛。台北的法语、英语和德语学校都在这里。MRT在这里设有一站。这里紧邻台北市区，距离外国学校不远，价格比中心城区便宜。越靠近城区的地方，空气质量也越恶化。

■台北市的另一端是发展迅速的区域，建起了很多新的公寓综合体，受到年轻、有钱的时尚人士和移居者的追捧。这就是忠孝东路和仁爱路地区。这里居住的多是那些家里没有要上学的孩子的时尚人士。娱乐、购物和上班都很方便。敦化路上也涌现出不少的现代化的办公综合体。

■当然，如果你富于冒险精神，手头不宽裕，或者你来台湾的主要目的是学习语言和文化，那你的确可以看看别的地方。拥有一辆车可以开阔你的眼界。台北市民的居住区向外延伸到芦州、永和和新店。如果想要居住价格更合理的新公寓并且不在意通勤是否方便的话，可以到这些郊区去看看。

台湾大学醉月湖

仁爱路和忠孝东路

过去 10 年来，这一地区发展繁荣起来了。30 年前，玲丽就读的一所初中就建在一片番木瓜和杧果园中。现在这里高楼林立，全是高层的写字楼、公寓、酒店、纪念馆和精品店。

从彻武路向东走，你首先看到的是中正纪念堂。你可以走进去更多地了解一下这位中国现代历史上的"重要人物"，然后沿着仁爱路往前走。让这些高大美丽的树木矗立在这条路和敦化路上是自有其原因的，因为这是从松山机场通往台湾地区相关机构办公大楼的路线，来访的美国政治家们可以看得到他们对台湾的海外援助是如何投资的。

走过酒店和精品店之后很长的一段路程，就到了孙中山纪念馆，是人们怀念这位爱国者的地方。走到仁爱路的尽头到基隆路，在你的右侧，你会看到君悦酒店和世贸中心醒目的粉色立面。如果正在举办什么贸易展览，你可以溜进去作为"海外参观购买商"看看台湾琳琅满目的出口产品。过去的世贸中心，是台北新的高层建筑——台北 101 摩天大楼。假如沿着基隆路向北走回到忠孝路上的市中心，你会途经顶好夜市，这条路上有上百家的精品店、酒吧、快餐店、首饰店和书店。

台大区

台大是岛上最负盛名的台湾大学的流行简称。通过学校考试选拔出来的优等生在这里学习法律、医学和自然科学等学科。紧邻台大的是台湾师范大学，是培养教师的地方。由于拥有丰富的学术资源，这一地区注定成为整个城市的文化汇集地。

在这里你会找得到一些价格不高的外国餐馆和购物去处。沿着和平东路，正对着台大有几家情趣古雅的茶馆，提供中式的茶和点心。沿着罗斯福路的则是书店。距离罗斯福路一个街区、和这条路平行的是定州街。这条路上的有泰国、缅甸、印度尼西亚和越南等各式餐馆，菜的价格很是诱人。在台北周边的一些城镇也能发现一些很有趣味的景点，可以做一天或半天的短途游览。

官渡和观音山

官渡市位于台北以西30分钟车程的观音山脚下。太阳落山时，从台北方向看过来，仿佛是观世音菩萨的侧面像在徐徐坠落。每年的元宵节，官渡庙都要举办灯展和灯谜会。有一条路可以徒步登上山。在山坡上和山顶有成千上万的坟墓，清明节扫墓时，上下山的交通非常拥堵。

阳明山公园、七星山公园和金沙海水浴场

从台北市的北部开车上阳明山，沿途景色宜人，你会经过很多的别墅和房屋，其中居住的都是富有的当地人或者为外企工作的移居者。你也会途经文化大学，从这里也可以改道去七星山，那里有很不错的徒步爬山的山路，这些山路在写给外国人看的指南手册上都会标明。开到阳明山公园可以停下来休息一会儿。这里山路弯弯，溪水潺潺，还有几处小瀑布，是野餐的理想地方。春天百花盛开的时候，这里会来很多人，格外拥挤。

继续开车上山来到马槽。蜿蜒的公路会带你一路欣赏令人惊

阳明山杜鹃

叹的美景，让你很快就忘却了仅仅45分钟之前，你还身处空气污浊、拥挤不堪的闹市。开车到进山的关口时，公路两旁是层层的种满茶叶和蔬菜的梯田。过了关口就开始了盘旋的下山的路，天气晴朗的日子你可以看到台湾北部海岸金色的海滩。沿途经过我们最喜欢的、马槽的、乡村风格的温泉洗浴中心。令人难过的是，我们上次去的时候，那里已经被台湾地区的相关部门用推土机铲平了。你仍然可以沿路把车停在桥的旁边，徒步走几分钟看看那些硫黄色，水汽腾腾地从山岩罅隙中冒出来的滚烫的温泉水。

离开马槽，你可以继续下山来到金山休闲区，再从那里到基隆，顺着高速路就可以回到台北。也可以原路返回到台北，或者从阳明山公园的岔道下山到北投。北投过去是著名的日本军方人士，以及后来美国军方人士的休闲疗养区。但是这里的罪恶老窝的名声已经是过去的事了。你可以在静静私语的松树旅馆订个房间和自己的爱侣度过一个浪漫之夜。松树旅馆由日本人建造，房间是和式风格的，每个房间都有榻榻米、木屐和温泉浴室。

台北故宫博物院

台北故宫博物院即中山博物院，位于城市北部约半小时车程，是个绝对不容错过的地方，需要一天的游览时间。博物院中馆藏了北京紫禁城珍品目录中登载的60万件工艺品，这些珍品是在蒋介石的从属们的转移下，从中国大陆带到台湾地区的。在现代化的博物馆建成之前，一直存放在地下。现在的台北故宫博物院是全世界最重要的中国工艺品陈列馆之一，常年陈列着精美的瓷器、玉器、字画和铜器。

金山和富隆海滨浴场

从台北开车约一个半小时可以到达两个海滨浴场——金山海滨浴场和富隆海滨浴场。如果你喜欢在沙滩上晒太阳或者进行不太剧烈的冲浪的话，可选择这两处。

台湾地区海滨风景

毛公

位于台北南端的群山，是台湾地区茶叶种植业的故乡。新开通的敞篷缆车线路可以从捷运木栅线台北动物园站送你到这里的群山中，来游览茶园和茶舍。注意：在写出此信息时，法国人投建的缆车系统仍然还有很多有待解决的小问题。

台湾中部和东部

周末短途旅行可以开车或者乘坐巴士沿着基隆东北部的海岸线，经过野柳海滩一路下来。这里是海陆相接的地方，奇石怪岩历经了千年的风吹浪打依然巍然耸立。一次偶然的机会，有坏人偷走了被风浪自然雕刻形成的“女王头像”，后来这个坏人又满怀懊悔地将其归还回来。现在“女王头像”则被用水泥重新固定在原处。

继续前行经过苏澳到往岛内的岔路上。这里你会经过美丽的太鲁阁大峡谷，陡峭的山崖从冰冷奔腾的山涧旁拔地而起。你可以在旁边的寺庙停下来欣赏美景，甚至和当地的高山族少女合影留念。

之后，前往天祥，一个平时非常安静的地方，很少有游客来。有两个地方可以停留，分别是天祥旅馆和青年活动中心招待所。在这里，在青翠的峡谷深处，明净的天空中星光闪闪，你可以度过一个非常安静放松的夜晚。黎明时分，你可以沿着大路步行或者开车继续西行大概不到一英里，停下后仔细看就会看到一条小路向下通往山涧。走过吊桥沿着坎坷不平的路来到水畔，如果你来得早的话，你就会发现你一人独享着户外文山温泉混合着冰冷的山涧水的美妙。回程中，不要错过从隧道中走进太鲁阁公园的机会，这里有清澈的溪水和白杨瀑布，美好的景色令人赞叹不已。

如果你有时间的话，从天祥继续西行到郦山。这是个富有奇趣的果园小城。山路狭窄崎岖通往高处，但这里的美景不适合那些胆小而没有把握的驾车者。从这里向北到北方环岛高速路再向西经过石门水库走南北高速路便可回到台北。

假如你是十足的徒步旅行爱好者，台湾有亚洲北部最好的旅行路线。有很多俱乐部和协会可以帮你走正确的路线。台湾也生产帐篷、长靴和各种旅行装置，你可以到这里之后再购买所需要的东西。在台北火车站附近，中山北路和忠孝西路交叉口的西北角，有好几家专业用品店。在东部海岸，还可以有机会去漂流。可以和导游人员确认相关细节。

台南

台南是台湾最古老的城市。郑成功就埋葬在这里。这里有台湾最好的寺庙。你也可以到孝北夜市去品尝台南的著名小吃。

垦丁

如果你在寒冷的冬天的早晨渴望阳光和沙滩的话，就到垦丁去旅游吧。这里距离台北四个小时车程，也可以乘飞机或公共汽车。垦丁在岛的最南端，有外国人经营的度假村，有水下公园、徒步旅行线路和海滨浴场。

离开台湾

在台湾有很多可看的景观、可做的事情，你可能要花上好几年的时间才能游览完。但是，你可能发现自己还渴望一些其他的景色。台湾地区正好也是一个中转站，从这里可以去游览邻近该地区的其他一些国家和地区。向北到日本和韩国仅需 2 个小时，那里有白雪皑皑的冬天，能够滑雪和品味丰富多样的饮食和文化。向南到菲律宾只用 90 分钟，那里有旖旎的热带风光和便宜的啤酒。往西南到中国香港地区也只需 90 分钟，再远一些你可以到新加坡、吉隆坡或曼谷，都是 4 小时。把台湾作为你在太平洋上的飞机起落地，从这里可以奔向其他有趣的地方。

垦丁风光

第八章

语言

“个人头脑中的审美情趣决定着人的性格。这是中国文化生活中强调的主题。人们不敢写出看起来歪歪扭扭的汉字。同样的敏感性存在于西方文化中，近来也重新浮出水面了，虽然并不是很强烈。如果我是研究大众文化的史学家，我会将中国毛笔书法作为一种文化门类的表现来研究。”

——A.Zee《吞云吐雾：中国文化、语言和烹饪的玩乐之旅》

是否要学习说、读和写汉语是在台湾居住期间要做的重大决定之一。当然，作为在台湾居住多年的外国专业人士或居民只需要最初级的能力也能够在这里生活。我们认识不少这样的人。但是他们的活动受限于他们的司机和女佣，或局限在美国俱乐部或者外国人支持的种种活动和组织，想要向当地人解释什么的时候，则要靠形体动作和夸张的戏剧表演。对他们来说，影响他们享受台湾的最大障碍就是交流，他们会抱怨说："即使是接线员也不说英语。"

学习汉语虽不是轻易就能下的决心，但是学汉语能够加深你的文化理解，深化和当地人的友谊，也让你能游刃有余地处理那些原本复杂而又困难的局面。无论你的决定如何，下面解释的有关语言和这个民族之间的联系的基本知识都是你必须了解的。

汉语文字和口语之间的区别在文化层面上是非常重要的。中华文明已经持续不断地发展了 5000 多年。汉字除了是文化自豪感的一个重要源泉之外（古罗马、希腊、土耳其、波斯等古代文明早已衰落），也是在漫长的历史发展进程中把所有的华夏子孙联系在一起的一个纽带。中国的每个省都有各自的方言，每个省的方言还有好几种不同的变体，这使得人们无法进行口头的交流。但是，总的来说，汉字超越了省份的局限。

要更好地理解这一点，可以想一想欧洲的罗曼语的发展史。法语、意大利语和西班牙语都源自于拉丁语，都使用同样的字母表来拼写单词，但无论使用文字还是口语，人们还是不理解别人使用的另一种语言所表达的意思。由于相似的文字起源，他可以猜测别人的意思，但也只是仅此而已。和罗曼语一样，汉语的口语方言在发音上变化多端，但汉字却是共同的标准。下面我们将更加细致地讨论汉字，但首先要回顾一下你会听到的语言。

台北市全景

普通话

在台湾，普通话被称为“国语”。在北京我了解到英语的“Mandarin”一词来自于“Mandaren(大满族)”，因为这是清朝时期的“官话”，Mandarin也就成为英语世界的人了解的当时政府官员所说的语言。在台湾，人们所说的普通话已经不是纯正的北京话了，后面没有那么浓重的卷舌儿化音，而是一种比较柔和的语言。尽管如此，“国语”词汇的发音和现在中国大陆所教授的普通话基本相同。普通话已经被新加坡纳为国语，因为普通话在有华人居住的许多国家和地区得到了广泛的使用，使它成为了一种宝贵的财产。

声调

普通话是一种带有声调的语言。每个字的发音都有自己的声调。改变了声调意思也随之改变。普通话共有四个声调和一个轻声。

- 1声　　ˉ 阴平
- 2声　　ˊ 阳平
- 3声　　ˇ 上声
- 4声　　ˋ 降声（去声）
- 　　　　° 轻声

最常用的表示声调变化的是一个句子：妈妈骂马吗？

语法

普通话的语法相对比较简单。把一个陈述句变成疑问句，在后面加上“吗”就可以了；变成过去式则在动词或者句子末尾加上“了”；变成将来时，在动词前面加上“要”或者“会”即可。若要变成否定句，就在动词前面加上“不”（现在时）或“没”

（过去时）。例如：

我去香港。……………………You go to Hong Kong.

你去香港吗？……………………Are you going to Hong Kong？

你去了香港。……………………You went to Hong Kong.

你要去香港。……………………You will go to Hong Kong.

你不去香港。……………………You are not going to Hong Kong.

你没去香港。……………………You did not go to Hong Kong.

当然，这只是一个粗略的简单化的例子。汉语的学费还是留给那些语言类书籍和教语言的老师们吧。

组词

读一读下面的用罗马字母标注了拼音的句子和其后的英语翻译，然后在本书后面的“词汇表”中查阅这些字的意思，理解这些句子是如何构建的。练一练构建你自己的句子。如前所述，汉语的语法是汉语学习中最简单的一部分。

■ 我从美国来。我住在大饭店。

I come from America. I live in a hotel.

■ 陈先生是中国人。他会说英语。

Mr. Chen is Chinese. He can speak English.

中国古籍善本

■ 今天，我想吃中国饭。我不要吃西餐。好吗？

Today , I am thinking of eating Chinese food, I do not want Western food. OK ?

■ 明天，他要坐计程车到机场。他要用多少钱？

Tomorrow, he wants to ride in a taxi to go to the airport. How much money will he need ?

■ 我住的大饭店贵。一天 5000 块钱。请告诉我，有没有便宜的？

The hotel I live in is expensive. One day（costs）NT$ 5,000. Please tell me, are there（have or have not）cheaper ones ?

■ 坐汽车到台中要三个小时。你要去吗？

It takes three hours to drive to Taichung. Do you want to go ?

■ 为什么不要买桌子？太贵了吗？多少钱？

Why don't you want to buy a table ? Is it too expensive ? How much money ?

■ 谢谢你告诉我怎么到餐厅去。

Thank you for telling me how to get to the restaurant.

■ 请问，医院在哪里？

Please, where is a hospital ?

■ 我刚到台湾。

I just arrived in Taiwan.

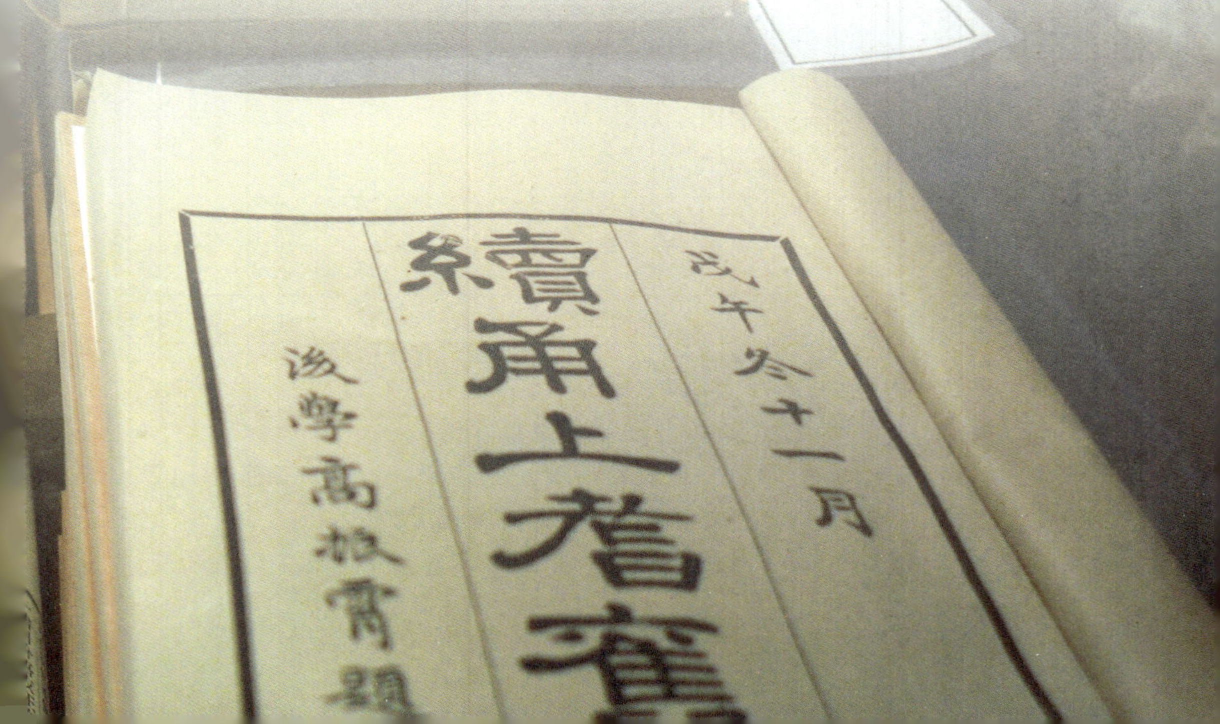

■ 一张到台北车站的车票。

One ticket to Taipei Station.

■ 我要一个汉堡。

I want one hamburger.

■ 我要买一台电脑。

I want to buy a computer.

闽南语

闽南语是学校以外大多数台湾人说的语言，他们也能说流利的普通话，或在两种语言之间来回互换。

普通话	意思	台湾发音
福建话	福建话	Hokkin Wei
闽南语	闽江以南地区的口语	Minnan Wei

从以上的文章可以了解到，闽南语是来自于福建省闽南地区的人们带到台湾的语言，但它和福建省其他地区所说的福州话或厦门话都不相同。

闽南语的语调变化非常丰富，舌头的升降颇为复杂，使其成为从街头的小商小贩到政治人物都使用的一种富有激情的口头演讲。学习闽南语使人望而生畏的一个因素就是它有六个变化的声调。普通话的四声只在其紧邻的情况下发生变化。但在闽南语中，不论在句子开头、中间还是末尾，语调都可能发生变化。并且，闽南语还有台北、台南、高雄地区的不同变体，这使其显得更为复杂，尽管这几种方言之间的交流并不困难。

下面几个普通话和闽南语之间的比较，可以让你明白这两种语言之间的区别：

普通话：你好吗？我是美国人。

闽南语：Li ho bwo？ Ngoa shi bigok lang.

英　语：How are you？ I am an American.

学什么

学哪一种语言好呢？普通话还是闽南语？这个问题难以回答。1997 年之前，人们会对克里斯说："你的普通话说得很好。"或者说："You speak the language very well."现在他们会说："你的北京话说得很好。"个人的身份是通过语言划分的。能说闽南语会让台湾人觉得你很亲近但却会让说普通话的人听不明白，心生怨恨。然而，一口流利的普通话会给所有人留下深刻印象（即使他们认为说闽南语更好），并且全台湾地区通用，相对简单易学。普通话的课本、磁带、老师和学校也比闽南语的更容易找得到。因此，最好的办法是先学普通话，然后如果有朋友教的话，再学闽南语。

怎样学

如果你想要打基础的话，向你极力推荐短期的教授外国人基础知识的短期培训速成班。但是要保持学习的劲头儿，每周要上几个小时的个别指导的培训班，利用所有的说普通话的机会。

学习中文时的教材

不论自学还是找老师教授，学习汉语有四种基本的学习方法：

■ 听，尽力模仿听到的内容，不要写听到的音。

■ 使用罗马字母标注拼音的课文。

■ 使用带有汉语拼音的课文。

■ 使用仅有汉字的课文。

第一种方法效率不高，除非你真是

天才，否则会导致念错很多字。第四种方法则适合那些有受虐倾向的人，或者那些有大量空闲时间的人。这样就只剩下第二种和第三种方法可行。

克里斯当年在台湾住了一段时间之后，能够用汉语和当地人流畅地进行较长时间的交谈时，他们都夸奖他汉语说得流利。有一次他想用得体的话来自谦，就决定用一句普通的话来表达："您过奖了。"或者说"过奖"，但不幸用错了声调，他说："果酱！"这的确表明那些夸奖的话是过奖了。

罗马字母标注拼音

使用罗马字母标注拼音有很多非常著名的方法（指用罗马字母表来标注汉字的音），但有好几种方法都不够清楚。有没有一个标准的拼音方法呢？对不起，没有。中国大陆教学使用的汉语拼音标准和其他相关的标准体系一样，有不少缺陷，不被台湾地区的教育家所接受，而台湾地区所使用的注音方法在台湾地区之外几乎无人使用。

用罗马字母标注拼音的课文，要小心你的母语所造成的语言负担，如口音、发音标准等。在发 hsueh 的音时，法国人、墨西哥人、波士顿人和新加坡人发的音可能各不相同，但只有一个是正确的发音。这本书中我采用的是汉语拼音系统。

汉语拼音字母表

除了使用罗马字母标注拼音，还可以使用汉语拼音表。字母表中共有 37 个符号，组合在一起的时候，可以代表汉语中所有的发音。台湾的幼儿园和小学都使用这种方法。除此以外，一些当地的报纸还在报纸文章的汉字后面都注有拼音。通过使用像儿童学习汉语那样的方法，从最基本的发音开始，你完全有可能学会正确发音。你要确

台湾日月潭

认一下你报名的私人学校是否也使用这种符号，有一点需要注意：汉语的注音符号在台湾以外的地方是很少见到的。

下面给出的是不同的罗马字母标注拼音法中的发音符号比较。你会看到，对同一个发音来说，拼写的不同造成的发音也有很大不同。要了解不同注音系统中的街道名称的更多信息，可搜索查询相关网站。

耶鲁注音	汉语拼音	韦（氏）德·贾尔斯注音
bwo	bo	po
pwo	po	p’o
mwo	mo	mo
fwo	fo	fo
de	de	te
te	te	t’e
ne	ne	ne
le	le	le
ge	ge	ke
ke	ke	k’e
he	he	he
ji	ji	chi
chi	qi	ch’i
syi	xi	hsi
jr	zhi	chih

chr	chi	ch' ih
shr	shi	shih
r	ri	jih
dz	zi	tzu
ts	c	ts'
sz	s	sz, ss
a	a	a
o	o	o
e	e	e
ai	ai	ai
ei	ei	ei
au	ao	ao
ou	ou	ou
an	an	an
en	en	en
ang	ang	ang
eng	eng	eng
er	r	erh
yi	i	i
u	u	u
yu	ü	ui

听歌也是学习汉语的一种有效方法

跟随节奏

克里斯发现，开始学习基础性的汉语时，扩大词汇、提高流畅性的最好、最快的方法就是学习流行歌曲。你在收音机里听到播放的歌曲，选择一首自己喜欢的，买来CD，CD都附有歌词。坐下来打开字典，查阅所有的生词，理解歌词的意思并开始学习唱这首歌。这就像解开谜语一样：由你喜欢的乐曲，你可以体会到歌唱者的感情，但你不知道他们在唱些什么。随着你的翻译，你明白了其中的内容。最好的就是，你一旦学会了这首歌，你可以唱给自己听来复习其中学到的词汇，这样记词汇容易多了。你可以从歌曲中抽取复杂而新鲜的词汇用到交谈中。学习当地的流行歌曲也可以帮助你在唱卡拉 OK 时能够开始你的社交破冰，增进和当地人的交流。

让鼠标当你的老师

个人电脑和软件提供了另一个学习语言的机会。市场上有卖普通话和闽南语的电脑软件，既能够教你学书面语也能学口语。在电脑上装上光驱和扬声器就可以运行程序了。有些程序还能够判别并改正你口头重复词语时的错误，但是你的电脑需要有内置的麦克风才行。需要注意的是微软系统装有汉语版的 Windows7 或 Windows8，如果你在台湾买电脑，你可以要求装上标准英文版供你日常使用。

除了教学软件之外，你还可以找得到不断升级改善的汉语文字处理系统。有两个系统颇为流行：双桥汉语伴侣和汉语之星。这两个系统带有字典、翻译工具（偶尔可靠）和多种字体，都可以在英语版的 WindowsXP 和 Office 环境中处理简体字和繁体字。如果你的电脑使用的是 WindowsXP 的平台，你可以打开控制面板，选择“地区语言”中的“亚洲语言”工具。通过以上的系统你可以选择需要的文本输入系统。很有可能你选择的是汉语拼音输入法，你只要输入一个字的拼音，然后就可以选择你要用的汉字。你还可以选择使用汉语拼音字母表或者汉字笔画结构的输入法，你的电脑的键盘上都有这些符号。

台湾的互联网非常活跃并且运行良好。大多数网站都是汉语的。有很多网上字典可以帮助你查生词。但是，如上所述，要想把汉语翻译成英文，你必须首先学会怎样通过键盘把汉语文本输入到电脑中。有两种主要的编码系统可以用来输入、传送、储存并在屏幕上呈现汉字。台湾地区广泛使用的 Big-5 系统，主要处理的是繁体字。中国大陆研发的 GB 系统主要处理的是简体汉字。如果你已经激活了程序，上面提到的微软的亚洲语言安装系统就

唐代杰出诗人——李白画像

成语"滥竽充数"雕塑

会自动地用汉语呈现网页的内容。

诗歌

中国有着悠久而伟大的诗歌传统。小学语言学习的一个重要部分就是唐（618—907 年）诗，小学生们要学习背诵其中的名篇名作。其中很多最为人仰慕的诗篇都很简短，很适合学习汉语的外国学生。这些诗歌会让你立刻加深对中国文化以及人类共同性的理解。

成语

汉字的凝练表达历史悠久。老子、孔子等古代圣贤的原作都是言简而意深。这也是为什么这些圣贤之作的译本在内容上和质量上有巨大差异的原因。例如，译者要把原文中四五个汉字所表达的意思翻译成英文的时候，他会发现要用十几个甚至更多的单词才能表达出来原意。许多词语（专用的四个汉字的表达叫作成语）来自于经典名作或者历史典故。中国人在谈话中经常要用到成千上万的成语。用同样数目的英语单词无法表达其含义。例如：

- **塞翁失马：**这个成语源自于一个深陷困境与不幸的人告诉为其境遇表示同情的朋友要处之泰然的故事。最终证明他的判断是正确的。这个成语用于表达不太在意当前的不利境况的意思。
- **自相矛盾：**这个成语源自于一个故事。一个骗子想要同时卖掉一把无坚不摧的矛和一个坚不可摧的盾，遭到了全城人的耻笑。这个成语用于指出一个论点中的基本逻辑矛盾。

从文化的角度来看，学习成语是非常有好处的，它可以让初学者对传统的语言有所体会，也可以帮助你理解其他人的谈话。但是，除非非常确定一个成语的使用语境，否则的话，一定要小心地使用成语，因为成语很容易用错。随便使用成语就像一个美国人在和英国客人谈话时不时引用莎士比亚作品中的警句一样。

笑话

如果喜剧电视和电影能说明一些问题的话，看得出来台湾人喜欢比较幼稚的、闹剧型的夸张喜剧。台湾的单人表演喜剧和喜剧对话的历史悠久。但和其他语言文化不同，中国人似乎不太热衷于讲笑话。通常，朋友聚会的时候，都会讲一些发生在自己身上的好笑的事情，中间夹杂着夸张的成分以博取大家的笑声。他们一般不像西方人那样背诵大量的笑话。中国人比较欣赏自嘲性的幽默。受人欢迎的喜剧演员的形象夸张，要么极其肥胖，要么骨瘦如柴，总之以一种很极端的方式给人留下印象。

如果你想讲笑话，一定得格外小心。除非你的听众的英语非常流利，否则你讲的英语笑话可能反响平平。如果要把外国笑话翻译成中文，也只有那些不依靠文字游戏来表达意思的笑话，或者那些通过文字能在人的头脑中形成幽默画面的笑话才能行得通。那些以肢体动作支撑着头脑中形象的笑话效果最好。

例如，一个翻译得很好的汉语笑话是这样的：

三个不喝酒的人经过一家酒坊。一个人说："我受不了酒精。喝一杯啤酒我的脸就变红，我会踉踉跄跄的，直到把酒吐出来才行。"另一个人说："那算不了什么，我甚至一闻到酒味脸就会变红，就想吐，就醉了。"接着第三个人吹牛说："你们两个都算不了什么，我甚至看一眼那些闻了酒味的人，我就会醉倒！"

还有另一个翻译得很好的西方笑话：

一位农夫正在田里用牛耕地，突然牛不再拉犁了，卧了下来，转头对农夫说："天热死了，我一步犁也不想拉了。"农夫万分吃惊，开始和牛谈话。农夫的邻居这时正牵着自家的狗从路上走过来，看到牛正在休息。他想走近些仔细看一看。当他问这位农夫为什么这样，这头牛回答说："天热死了，我一步犁也不想拉了。"邻居吓坏了，牵起自己的狗就跑，直

中国喜剧——相声

到他跑累了，才在树荫下停了下来，他一边回想自己看见的一切，一边大声说："天哪，我第一次见到一头会说话的牛！""我也是！"他的狗回答道。

在有异性的、文雅的场合，应当避免说带有性色彩的笑话，虽然，酒吧的陪酒女郎可能给每个人都讲出五个此类的笑话，并且佯装喜欢听你讲的笑话。在只有同性的场合，你要自行判断此情此景是否适合这样的幽默。

骂人

台湾人的确骂人，最经常听到的表述就是："他妈的！"他妈的什么？留给我们去猜。有些粗鲁的人甚至张口闭口都离不开这个字眼儿。

辱骂是贬损他人的一种方式，比如把一个人叫作狗。台湾人不会懂得大部分的英语中的四字母的粗俗下流词的意思，但这并不意味着你就可以无所顾忌地使用或者翻译这些字眼儿。你的怒气只能留在内心深处，你可能发现自己的双手捏成了拳头。台湾人比较感性，注意自己的措辞总是好的。

肢体语言

虽然汉语以不可理解、不可思议著称，但这样的声誉并非来自其肢体语言。很多你在西方碰到的可以给你以提示的肢体语言在台湾都会变得无效。例如：双臂交抱在胸前（表示不同意），打哈欠（你太无趣），揉肚子（我们吃饭吧）。

打哈欠可能说明对方认为你很无趣

让你觉得困难的是那些没有说出来的言外之意。当两个台湾人开始谈话时，他们非常了解彼此的关系以及这种关系的规则是什么。所以，谈论某些事情可能会被认为是粗鲁唐突或者浅薄无知的。但是，作为西方人，和台湾人谈话时不仅不了解这些规则，也不了解和他们的关系，你可能以一种屈尊俯就的姿态和对方交流，而对方却认为自己的地位比你更为优越，或者恰恰相反。

美国人平等对待每个人的偏好在这里

可能会遭到误解。他们不了解你的文化背景，看到你用对待自己的同样方式对待他的下属，就会在心里琢磨你为什么要这样做。你也经常会在谈话结束时还不清楚对方在内心到底同意你的哪些观点。你要学会在适当的时候表现出优雅的举止。

台湾人不介意彼此距离很近，两个同性之间手牵手是正常的

由于可能出现的场景不胜枚举，我们不可能详细地讨论该如何举止才算得体。建议你仔细地阅读本书的第四章，以了解和台湾人交谈时的那些约定俗成的规则。一般来说，记住该说什么、不该说什么，以及如何对待他人的那些规则都只是相对可靠的。

根据你的文化背景，你可能会觉得台湾人的身体距离有些令人不舒服。如果是朋友（男性和男性，女性和女性）的话，台湾人不介意彼此坐得很靠近，偶尔可能还会碰你的手或者拉拉你的胳膊。不必警觉，这不一定是同性恋的兆头，只是对方的一个习惯手势而已，表明和你的关系比较亲近，这样做不会令他们不舒服。这表明你在人际交往中取得了很大的进步。在学生和老人间，你会经常看到两个同性之间挽着胳膊或者有时手牵着手。这并非不正常，这种接触是温和而有分寸的。然而，台湾人不喜欢有些美国人和欧洲人表现出来的那种招摇的拥抱、拍背、亲吻脸颊的接触方式。同样，和异性陌生人的接触仅止于握手而已。到了什么程度一个人就不再算是陌生人，可以有自然的身体接触，会因人而异。

和其他文化一样，台湾人有时也用手势作为一种交流的方式。简要地介绍一下这些手势很有用处，可以帮助你更深地理解非语言交流，尽可能减少令人尴尬的错误。

- 鼓励别人向你走过来时，伸出胳膊，掌心朝下，朝自己的方向挥动手指。
- 指向自己时，用食指指向自己的鼻子。
- 如果有人用食指碰触自己的脸，上下刮动的时候（特别是一边说着“丢脸”的时候），说明有人丢了面子。
- 掌心朝上握拳，食指伸出再收回两次到三次，像扣动扳机一样，表示某人或某物死了或者完蛋了。
- 台湾人不使用也不理解西方人使用“中指”的意思。但如果你朝某人愤怒地挥动拳头，你也会得到回敬。
- 用手指表示数字的方式和西方不同。同样从拇指开始从一数到五，但中国人还发明了特别的标志表示六、八和十。六：握拳，掌心朝上，伸出拇指和小指。八：握拳，掌心朝下，伸出拇指和食指（看起来像是汉字“八”）。十：左手和右手的食指相交叉(看起来像是汉字“十”）。

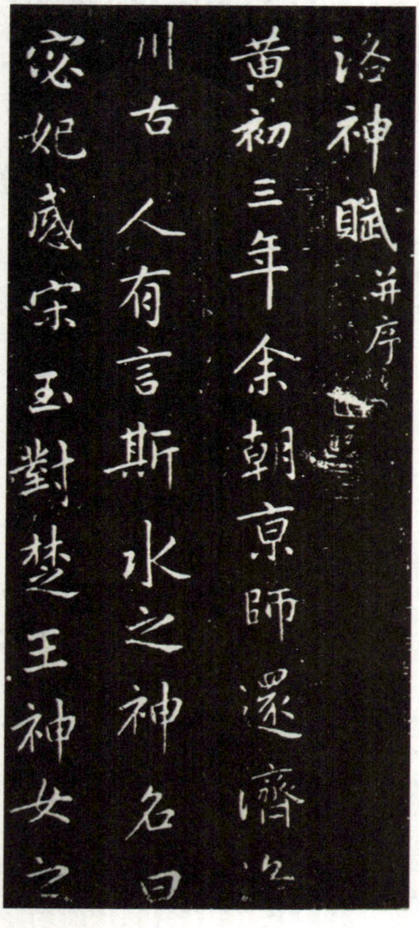

王羲之书法

汉字

在全世界5万种文字中，汉字是掌握汉语过程中最难的部分。汉字是从中国古代对生活要素的描画逐渐发展演变而来的。经过了几千年的发展，这些粗略的图画得以规范、简化、修改和编码，变成了如今使用的汉字。时至今日，汉文字还保留着象形字，表明了它所起源的生活要素。

汉字通常由两部分组成：部首和语音偏旁。你要首先熟悉这些部首（214个）和它们的原意。部首一般透露出这个汉字的意思，或者至少这个字的属类。

语音偏旁一般写在部首的上面、下面或者旁边，提示着该字的发音。

扇面书法

笔画顺序

仅仅记住汉字是不够的，要想掌握汉字，还必须能够记住写汉字的笔画顺序。刚刚学会汉字的西方人会发现有无数的方式来写完一个汉字，但是，只有一种方式是正确的。如果你的中国朋友看到你写字的笔画顺序错了的时候，他一定会教你按正确的方式写的。很多供一年级的小学生使用的练习册上采用的标明笔画顺序的方式可以指导你学会正确的写字顺序。如果你想学习写汉字的话，可以从这里开始。学习写了几百个汉字之后，其他字的笔画顺序也就自然掌握了。

书法

现在你依然尚未达到汉语学习的顶峰。要做到这样，你必须要拿起毛笔，学习传统的书法。书法是一种艺术，一种生活方式，一种自我表达的形式。换句话说，它极其奥妙，又非常具有主观性，可能只需花费你很短的时间，也可能要花费你的一生来研习它。书法被认为是一种沉思的艺术，优秀的书法是一个文化人品行的最高表达。

姓名

中国人的姓名令西方人迷惑不解，因为中国人的姓名顺序和西方人的相反，姓在前面而名字在后面。因此，问别人:“你叫什么名字？”是不大合适的。最好问:“你贵姓？”

汉语的姓氏有好几百个。有些姓很常见，如李、陈、林、马、王、黄、郭、蔡、苏。但是，在名片上，很难知道他是否为了西方人的方便已经改变了姓名的顺序，还是保留了原来的顺序。有时候，标点可以帮忙给你提示。例如：姓名 Lee Guo Tsai，每个字都有可能是姓。那到底是 Lee 先生还是 Tsai 先生呢？ Lee Guo- tsai 或者 Lee,

Guo Tsai 告诉你这个人姓 Lee。很多台湾人都不把名字的拼音标注出来，只是简单地写成如“G T Lee”，这样就使你容易辨别哪个是姓。

然而，好多台湾的生意人在名片上加上自己的英文名字。虽然有些名字很简单，是常见的英文名，如 Rorbert 或 Simon，但有些名字却很少见，如 Jubilee、Beauty 或者 Banjo。要养成在会见生意伙伴时，在他的名片上用下划线将他的姓标注出来的习惯。还有一些汉语的姓是两个汉字的复姓，这使得西方人更糊涂了。这些姓不太常见，但你要了解。“司徒”就是一个这样的例子。更普通的但也容易弄错的是那些单字的名字。

姓名对台湾人来说非常重要。姓名能显示一个人的家族血统，表明其在家族中的地位。例如：“先生”这一称呼从字面意思就表明人们赋予家族里的长子的重要性。同样，“太太”意为妻子或夫人，但其字面意思是“最高”或“最终”，即第一位妻子，是相对于传统中地位较低的妾或者情妇而言的。而小姐，从字面上讲，就是“年轻的姐姐”。

给孩子起名字要花费不少时间，要根据出生的日期、属相，还要考虑组成整个姓名的汉字的笔画数是否吉利。台湾人都希望名字能够尽可能地幸运吉祥。有一点也要注意，在很多家庭里，名字中的第一个字表明了在家谱中所处的辈分。也就是说，那个家族中的同一辈分的所有成员在名字中都要用这个字。例如：吴玲丽的姐妹们分别叫作玲玉、玲美和玲兰。

掌握了这些知识，彻底理解了他们的姓名的重要性，就可以和台湾朋友们一起共度一些充实有趣且亲密无间的时光了。

快乐的孩子们

如何称呼台湾人

怎样称呼你的台湾朋友和商业伙伴当然要取决于他们和你的关系（生意关系或个人关系），以及你说的是英语还是汉语。假设你正在学习汉语，这是你第一次和某个人进行生意方面的接触，你最好在他或她的姓氏的后面跟上名片上的头衔。例如：你应该叫“李厂长”，或者“陈总”，如果这是他们在工作中的头衔的话。这样称呼表明你注意到了他们的头衔（他们为此感到自豪），也有助于避免在你不确定一位职业女性是否已婚时不知该如何称呼的问题。

如果你说英语的话，最好坚持用 Mr、Mrs、Madame 和 Miss 加上姓氏这样的称呼方式。如果成了较好的朋友之后，对方会让你叫他们的英文名字。即使在熟识的台湾朋友之间，也不经常直呼对方的名字。绰号很常用。在年龄较长的人的姓氏前面加上“老”字的叫法很普遍。如“老李”或“老陈”。但是有人会告诉你什么时候可以这样称呼他们。不要想当然！

取一个中文名字

在日本，西方人的姓名通常在名片上音译成日语的假名，这样当地人就可以念出来了。西方人是不会取日语名字的，因为这样做会使得日本人觉得不舒服。但在台湾地区就不是这样了。外国人经常取中文名字，但是如果你想取个中文名字的话，你一定要认真选择，因为你要用很长时间，而名字会给人留下或好或坏的印象。甚至一不小心，还会显得你粗鲁无礼。

起名有两种基本的方式，不论哪种方式，都要听一听当地人的建议，请他们帮忙。第一种方式，你可以把自己的名字音译成与汉语发音相近的汉字。例如，“Smith”通常音译成“史密斯”三个汉字。很多姓都有现成的等价翻译，你的老师或朋友会帮你找到你的姓。如果你想取一个汉语的新名字，你可以考虑在那些你日常生活中碰到的名字上稍作变化。为了避免弄混，你的姓应当尽量接近原来的姓的发音，名字则可以起得更别出心裁些。下面是一些例子：

西方姓名	中文姓名	含义
Kirke Hart	何克	He overcomes
Mark Rabin	雷朋	Lightning Peng
Chris Bates	白晓鹰	Bai Dawn Eagle

我们曾有一位朋友，Mr Gautier，他的名字音译出来是“Gwo Tieh”，意思是“锅贴”，所以千万要小心！

好的印章一般是由石头雕刻而成，经常刻有动物的形象

红印泥

你已经有了中文名字，可能还有了自己的书法作品。现在你需要一个“章”盖在作品上。“章”就是个人的印章，被看作是个人不可缺少的装备。对台湾人来说，这代表了他们的签名。在相关部门有登记，可以盖在支票上、合同上和其他的文件上。印章在历史上的重要性可以通过陈列在博物馆的皇帝御玺的巨大尺寸和上面的装饰看得出来。印章一定要严加保管，一旦丢失，就非同小可，后果不堪设想，一定要在报纸上登广告，直到其作废或重新找回来才能安心。

作为外国人，除非你是公司的经理或者董事会成员，否则是不会有自己的印章的，但这并不妨碍你有自己的印章。在任何一个社区都可以制作印章，一般用的材料是木头或塑料。更大更好的印章一般是用石头雕刻而成的，经常镶嵌有动物的形象，很可能是你的属相。朱砂色的印泥和印章一起使用，通过印章上的凹凸起伏将汉字显现出来。把文件或文章平放在桌上，桌面最好稍微垫一下（桌垫为佳），把印章在红色的印泥上蘸一蘸，然后用力向下按在文件上。轻轻晃几下，垂直向上移开印章，这样你就已经像一个中国学者一样给它打上了你的标记。

第九章

生意——人生的意义

“台湾地区的商业社会并不规范。如果把德国人的‘秩序高于一切’的态度方式放在天平的一端，泰国人的‘不得已才遵守秩序’的态度方式放在另一端，台湾地区肯定处在靠近泰国的这一端。台湾商人通常认为任何非特别禁止的事都应当受到鼓励去做。”

——凯文·查姆伯斯《商场制胜：台湾》

台塑化工

虽然台湾的地理面积很小，但它在世界制造业舞台上却扮演着非常灵活、适应性很强的角色，它已经成为一个经济发电站。如同在第一章所提到的那样，台湾地区是所谓的“亚洲四小龙”中最成功的一个。其他三个包括韩国、中国香港地区和新加坡。但台湾地区没有长期困扰韩国的学生抗议和罢工的问题。它的人口和土地面积比中国香港地区和新加坡都大，这使得它拥有更多受过教育的劳动力储备，以及更大的扩展空间。2002 年，台湾地区的统计贸易顺差是 1310 亿美元（人均 5458 美元），如果以其外汇储备 1800 亿美元的数字来衡量，台湾地区继续为世界上最富有的地区之一。台湾地区同样也引起了它的贸易伙伴的谨慎态度，因为在这个贸易的失衡状态中，它们处于不利的下风。

这样一个 2000 多万人口的小小岛屿如何产生如此大的能量呢？首先，通过义务教育、土地改革和投资政策备好良田，加上外国援助、投资和技术转让的肥料；即使有了这一切，你的种子也必须足够强大坚韧。在这一方面，台湾人的信念和文化传统发挥了巨大的作用。建立在礼义廉耻基础上的文化，有着对个人极其强大的影响力(以及他或她的家庭），即刻产生了回馈：即有取得成功的强烈愿望，加上能够为家庭将来的回报而牺牲眼前舒适的能力。

汉语中“生意”二字的字面意思是“人生的意义”。对大多数台湾人而言，人生的终极意义并不在于升入天堂或者获得智慧的启蒙，而是为家庭积累财富。的确，我们可以把生意看作是台湾文化传统的第四个方面，和佛教、儒教以及道教同等重要。如果你理解了你所雇用的员工或者交往的生意伙伴如此认真地对待生意，你就成功地在和他们打交道的路上迈进了一步。

和一位当地企业家的谈话

“生意怎样？”我问道。

“不好啦！”他大声说道，咧嘴一笑，露出了被尼古丁和槟榔子熏染成红色的牙齿。他经营一家小型的汽车音响器材专营店，周围还有十几家和他做同样生意的店铺，由于股票市场的暴跌，来买汽车音响的人越来越少了。生意对中国人来说实际上就是人生的意义。生活虽不太好，但他的笑容和性格却和以前一样轻松。

——摘自《被丢弃的词汇》 作者克里斯·贝迪斯

你可能认为这意味着台湾的生意人其实就是西方意义上的“居家男人”。你甚至可能邀请他到你家里让他看看你是怎样和孩子相处、满足孩子的愿望的（表明在家庭方面你和他有着共同的目标）。但是，台湾的生意人很可能看着你 12 岁的孩子，心里想：他们为什么听音乐、骑自行车或者打电子游戏而不学习呢？台湾生意人挣钱并非是为了使家人过得更舒适，而是为了使自己的孩子更有成就，给他们更好的环境和工具以使得他们因此而能创造出更多财富，这样能让他和妻子晚年无忧。

让我们回顾一下台湾战后的商业历史，然后仔细观察台湾的商人，看看你应当怎样和他们打交道。

台湾的经济

经过了最初的摸索阶段，在 20 世纪 50 年代，国民党开始致力于促进农业的延伸服务，农作物研究，土地改革，把有规划的农田地块的所有权归还到农民手中。那时，台湾劳动力的主体是农民。当地兴建了很多大的工程，如能源、航天等项目，这些都促进了经济的发展，也就是说，为大量来自大陆的移民提供了就业机会；既

郑成功雕塑

控制了物价的稳定，也为那些成百上千的为大公司提供工具、商品、原材料和服务的小型供货商提供了生意的来源。

逐渐地，经济开始从农业基础上转移。如今，制造业和服务业份额基本相当，分别提供了 41% 和 42% 的就业机会，而农业则下降到 17%。纺织业、服装制造业、电子业、食品加工业、化工业、钢铁制造业、造船业和塑料制造业成为主要产业。

20 世纪 60 年代和 70 年代，制造业要么有外资支持，要么采取合同加工的形式以支持外资企业。那一时期另一个增长的行业就是私人制造业。在有些地区市场上制造出售质量低廉的假货和仿造货。中国大陆和台湾地区都没有保护知识产权的传统。的确，如果我们看看中国的艺术品和手工艺品就知道，其传统就是通过死记硬背，分毫不差地模仿大师的作品，这样产生的是对传统的继承而非对自我表达的技能的掌握。曾经有争论说，中国在历史上没有成功地利用其科学家和发明家的创造发明的根源就

台湾澎湖

在于没有对知识产权的保护，因此对于超出个人需要之外的发明，人们缺乏动力。

到了 20 世纪 80 年代，一些重大的政治和经济渠道开始会合。中国大陆被看作是一个在制造业方面可靠（而廉价）的“亚洲四小龙”的替代者。西方国家，尤其是美国，也开始给台湾地区施加压力以纠正以往的贸易逆差。

在这些宏观潮流的共同影响下，台湾地区发生了巨大的变化。原来新台币和美元之间的兑换率为 40 ：1，之后便成了 25 ：1，同时伴随着中国大陆成为更具有吸引力的生意选择，外商撤离了台湾地区。克里斯还能回想起来，在 20 世纪 80 年代中期，每次在美国俱乐部的更衣室换衣服时都能听到商人们谈论要从台湾地区撤资的事情。

台湾的企业必须要马上转型。制造商们有两种方式。那些缺乏远见的人从台湾地区撤资跟随外商转而投向了泰国、马来西亚和中国大陆。他们追逐廉价的劳动力，以及能够继续为欧美等拥有自己设计与品牌的公司进行合同加工，来生产中高档产品和

优劣分析

优势

- ■较小的公司更灵活，可以随时调整经营方向。
- ■小公司的企业管理费用较低，并且能够不惜成本地保持竞争力，因为他们是企业主的命脉。
- ■对企业管理费用和利润的严格控制使得小型企业保持足够的竞争力，能够作为OEM（贴牌生产）代理供货商。

劣势

- ■小型企业的研发、营销和战略计划资源有限。
- ■过度依赖于企业主的决策能力。
- ■无法培养向比零件供应商更高层次发展所必需的“独立群体”。

台湾成功大学

装备的能力。但是，更多有胆识的台湾公司开始投资自行研发高质量的系列产品来创造自己的品牌形象和创建自己的销售渠道。像宏碁、Tera 和 UB 这样的公司都属于这一类型。他们感觉到台湾企业唯一长期生存发展的机会就是要学习那些工业发达国家的大公司，发展、宣传和保持公司的自主产权。

随着这一新的地方需要，保护知识产权的呼声沉默了。虽然台湾公司也生产需要保护的知识财产，但他们缺乏相关的支持。20 世纪 80 年代末，有关调查造假行为的相关文件付诸实施，并加大了对造假行为的惩罚力度。虽然仿造的劳力士手表还是很常见，但盗版市场已不再像过去那样猖獗。

但是，我们还没有看到的是其本土企业向大型公司的转变，这可以和韩国与日本的模式相比拟。大企业还在继续运营，并慢慢地走向私有化。现在只有几家大型的企业，如台塑和万年青船运公司。即使如今如此规模的大公司，当初也是由私人企业家创办的。经济的其他方面都是由企业家这个发动机推动发展的；大约有几万家的中小型企业，它们生产产品、提供服务、进行进出口贸易。它们已经创造了一个由“恰当”角色和仿制品艺术家所共同组成的网络。

所谓的企业“裙带关系”可以在一定程度上避免账目异常等情况

企业家的乐土

中国文化的要求驱动着中国人做自己的老板。我们认为这是由于中国人的儒家思想中以家庭为重点的原因。他们会争辩道：“当我的家庭能够从中更直接地得到好处的时候，我为什么要把我的知识、技能和才智奉献给公司呢？”从大企业中积累了足够的知识之后，他们就会离开去开办自己的公司，经常还从自己的姻亲那里筹集资金。产生这种趋向的另一个原因是：在一个由家庭高度规范管理的社会中，个人企业成为一种个性的表达或者释放。如果一个人只是为公司或家庭工作，那么他就依附于对自我的外在看法；而建立自己的公司则能够允许有创造自我的独特眼光，他可以进行最大限度的控制。

当然，并非所有的台湾人都会离开去开办自己的公司，如果都那样的话，没有哪一家上了排行榜的大公司能够生存下来！但这是一种很重要的文化特征。更多成功的中小型企业用“金手铐”来防止那些高层管理人员的外流，还有更多的高科技公司成立了起来，有些还采用硅谷的股权选择管理方式来留住重要员工。

一切都在家庭中进行

中小型企业的占统领性地位还导致了另一种现象的产生，那就是：裙带关系。在西方这个字眼儿带有贬义，但在台湾，这被认为是很自然和必要的。“其他人里我能信任谁呢？”这是台湾商人头脑中的一个问题。“当然不是那些家庭以外的人。我为什么要把好处给别人家呢？”你经常会发现在一些公司里，妻子是会计或者财务经理，弟弟是出口销售经理，他以前在国外读的 MBA 是由哥哥资助的。

这种现象也产生了其他一些可疑的行为，比如做两本账以逃税。如果你想要调查一家有理由与你合作的公司的信誉程度（比如做经销商或供货商），你可以要求查看对方的账目。然后你让税务部门提供给你另外一本账目，你可以仔细比较一下两本账，任何没有明确的问题和有出入的地方你尽可以询问。

如果是公司的经营者，最好不要甚至禁止雇用亲戚。这是一项预防措施，可以减少他们合起伙来把家庭利益放在公司利益之上的可能性。如果不采取这些预防措施，你就会看到裙带关系的影响，体现在如聘用、合同签订、账目异常、存货丢失、客户丢失等诸多方面。也会导致几位彼此有关系的人员在获取了公司足够的信息之后，集体辞职，很轻易就能成立新的公司和你竞争。一个普通员工要想独自成功地完成这一过程，他必须要经过公司的逐级升迁制度，并且要获得好几位中层经理所掌握的公司信息；等到你的高级员工这样做的时候，你应当能够辨识出来，通过股权或者红利等奖励手段去铸造稳固的长期的关系。

不要认为这样做对于台湾的家庭制度来说太不近人情或者带有歧视性质。这种做法恰恰符合了中国人对典型的西方方式的成见，他们认为西方人的方式“直接、轻信、幼稚”。我曾经在一家公司工作，这家公司的一些管理层成员分别来自三个家庭，但是公司有明文规定员工之间不允许结婚，甚至不允许谈恋爱。如果你想要谈恋爱，其中一人必须离开。另一家公司是由四个没有亲戚关系的人成立的，有一条面对所有人员的明文规定，不得聘用亲戚关系的人员。要告诉你的员工你不会雇用你来自阿肯色或明斯克的至亲，他们也不能聘用自己的妻子、兄弟、姐妹、表亲等。

约见典型的台湾公司

和生活中的所有事情一样，从来没有绝对的“典型”。然而有些经过了一次又一次重复验证的经验和看法能让你对总体上的典型有所认识。上面我们谈到，台湾经济孕育了数不清的中小型企业，他们互相支撑，支撑着外资公司和大型的台湾公司。

当地规模最小、也是效率相当高的“夫妻店”

这些中小型企业通常都是由一个人开办的（偶尔也由女性开办或者夫妻共同开办），他们从前任雇主那里收集到一些实际经验，然后开始了自己的经营，从某种程度上说，他们要复制他们所观察过的成功。公司起步时投入的资金很少，工作时间很长。但他们成功地将企业发展起来了。在这些企业里，很少见到企业标志或者也谈不上有好的工作环境。只有那些不切实际的公司，或者装装样子的公司，才会注意这些问题。不信的话，你可以参观一下很多的大型现代化的公司，他们的办公条件很优越，很西方化，但是如果你去参观他们的任何一家供货商，你就会看到我们下面将要参观的典型的本地公司。

接人

你已经约好了会见健康食品有限公司的总裁陈先生。由于担心你找不到他的地处偏僻的办公室，他亲自到你住的酒店去接你。虽然他不得不在交通拥挤的市中心开70分钟的车，但他只迟到了10分钟。酒店的接待员给他指认了你，他笑容可掬地向你走过来，和你紧紧地握手，用英语介绍自己，并呈上自己的名片。你要用双手接过来，仔细地阅读并感谢他，然后再回送自己的名片。

他一身欧式装扮，短袖衬衣，不系领带，穿着休闲裤，有些磨损的皮鞋［在台湾的尘土、废墟和潮湿中，保持皮鞋干净是不可能的］。他手里拿着大哥大（移动电话）和一大串钥匙。他邀你出去，车早已停在一边。他亲自来接你是给你面子，你应当为这份不敢当的重视表示感谢。

你坐进了他的BMW525的前排座位，车内的空调立刻使你觉得凉快下来，甚至有些冷。车上装有进口的CD播放机，正在播放着西方的古典音乐。随着车子缓缓上路，他问你这是否是你第一次到台湾，你觉得台湾的交通如何，食物怎样等。

开车1个小时后，一路上走走停停到了他的办公室，谈话就比较随意友好了。他想要了解你。所以，你也要利用这个机会了解他。你可以随便问那些他问过你的问题，如有关运动、旅游、家庭，他怎么了解到你的公司、你的时间安排等。

最后，他推开一扇红色的金属大门，周围是高高的水泥墙。墙上挂有公司的铜匾，上面写着公司名称“健康食品”。停车区没有太大的调动空间，他在靠近前门的专用停车位上把车停了下来。

办公大楼

经过玻璃滑动门，进到办公楼里面，在一层，有八张办公桌，通过用心的安排，使800平方英尺（约合74平方米）的空间里能够放得下这些办公桌。水磨石的地板呈灰白色，磨得很光滑。固定在墙上的几个蓝色扇页的电风扇似乎有段时间没有清理了，来回转动着，把凉风送到整个办公室。四周靠墙的地方有档案柜、宣传目录陈列架、传

办公室一角

真机、复印机，一个鱼缸中养了一条漂亮健壮的大鱼，一边有桶装水的饮水机。四张桌子前坐的都是在办公室工作的女孩子，她们的桌上有电脑，看起来很忙碌。另外四张桌子的其中两张是空的，还有两张桌子前坐着两位更年轻的小伙子，打着领带，正在看早晨的报纸。

陈先生会带你到楼上他的办公室。二楼的地毯也有些年头儿了，从上面的印迹可以看得出来哪些地方经常有人走。你被带进一间小的会议室，打开了窗式空调机。陈先生先出去了一会儿，只剩下你一个人坐在沙发上，前面是个茶几。你可能会觉得有些不大舒服，你的膝盖几乎要顶到你的胸部了。

房间逐渐凉快下来了，这时你环顾四周，你会看到墙上挂着一幅日本供货商送的彩色挂历。正对着你的一面墙上，挂着一面高至天花板的黑色的木头雕刻的匾额，上有镏金的汉字。这面匾额表示恭喜发财的意思，是多年前公司成立时别人赠送的。茶几上铺着蕾丝小垫布，上面放着大理石的烟灰缸、打火机和烟盒。茶几下面还有些行业杂志和产品目录。

然后秘书会进来问你喝茶还是咖啡。你告诉她之后，她又会不见了。陈先生很快回来了，说很抱歉刚才必须要打几个电话。秘书送上了饮料之后退了出去，留下你和老板谈话。

会面

根据你的生意的性质以及对方生意的性质，这时双方的会谈可以有几种不同的方向。很可能他会把你介绍给他的下属们，并且会详细地与你谈论和彼此的公司做生意的前景。

如果他有自己的工厂，并且就和办公室在一起的话，他很可能会高兴地带你去转转。语言交流上不可避免地会有困难，但是笑容加上一点耐心就能够给双方时间，以

在台湾的公司，谁拥有盖章的权力，谁就有决策权

便找到不同的方式来清楚表达彼此的意思。

会谈过程中，会计可能会拿来一叠文件请陈先生盖章。他向你说声抱歉，仔细但不过分地审阅了每一页，然后在每一页的合适的位置盖上自己的红章。很有可能，陈太太也在公司工作，并且很有可能就是公司的财务经理或者主管会计。

陈先生很显然是老板，整个公司围绕着他运转。他可以听取他的“列兵”的建议或者你的想法，但是最终做决定的是他。事实上，以一种强硬的态度坚持要他必须接受你的观点，后果可能会很糟糕。最好在喝了几杯饮料之后，在比较心平气和的时候，表达对他的英明决定的尊敬，但是，你觉得为了他的公司得到最大利益，他应该听从你的建议。

午餐和饭后小憩

会谈进展顺利，已经过了正午时分。陈先生说他们为你准备了午餐。他邀请了他的助手陪同，你们一起朝楼下走去。灯光都熄灭了，你看到了一幅令你毛骨悚然的景象：每张桌子前的身影都是一副无精打采的懒散的样子，一位秘书取下了盖在头上的外套，这时你才知道这是休息或者午睡时间。办公室的员工都把外套盖在头上，趴在办公桌上休息。到了下午 1 点 30 分，灯会重新亮起来，办公室里又重新恢复了活力。

你跟陈先生说过了你喜欢中餐，因此午餐就安排在不远处的一家凉爽宜人的饭馆里。席间有啤酒，但很显然，台湾人只有在晚上才放开喝酒。很快就会上几盘开胃凉菜，有花生，拌有胡萝卜和碎芹菜的豆腐丝，用豆酱、蒜和辣椒泡好的蛤肉。吃饭用的是卫生筷，每个人都会像扯开叉骨一样啪的一声郑重地把筷子从中间掰开。陈先生是很有现代意识的人，他让女服务员拿来公筷和公勺。

蒸的白米饭伴随着几道有海鲜、肉和蔬菜的热菜端了上来，还上了汤。之后还上了新鲜的水果、甜点。

陈先生让部下送你回酒店。分手之前，他问你晚上是否有空。你回答说有空，并想邀请他出来。他坚持说你是他的客人，并确定好了接你的时间。接下来又是微笑和感谢，然后你回到了酒店。

台湾式的关系网络

你是如何和陈先生接触的呢？你初来乍到，不认识任何人，怎样建立自己的关系网络呢？

尽快地结识别人是非常重要的。美国有个时髦的词叫“关系网络”，台湾地区当然是一个社会关系高度网络化的社会。家庭是进行构建关系网络的第一渠道。所以，如果你在台湾没有家庭的话，你就必须拓宽自己的社会交往，发展自己的关系。

创造和培养自己的社会关系的重要性是再怎么强调也不过分的。当然，你必须和每个人都保持良好的关系，从你雇用的助手开始。但这并非是“关系”这个词的真正含义。好的关系是指要发展和那些基本在社会阶层和生意领域里与你在同一个层次上或者高于你的层次的人的关系。也就是说，那些有发言决定权力的人。好的关系可以为你打开很多大门，解决麻烦，并带来更多的关系，如此无穷尽也。这是一个不断增长的关系网络。就像一只蜘蛛要照顾好自己的网，使之处在正常工作的状态一样，你也要勤于照管自己的关系网络。可以把它看作是建立在文化要求上的一种关系网，这

嘉义街景

样你就会发现这个工作容易一些了。

根据你来台湾的不同目的，你需要发展的关系的类型也不尽相同。开始时，你可以通过拜访一些机构来建立关系，比如你们国家的商业部或者商业联合会。有些商人能够通过“中国对外贸易发展协会”以及其他的贸易组织建立了有益的关系。还有各种各样的专门行业协会，例如“台湾眼镜生产商协会”。但是，这一类的协会里往往没有人能够流利地说英语，所以你必须做好准备组织在该领域所需要的帮助。此外，你的朋友，姊妹公司的熟人，甚至你公司的法律顾问和审计员也可能给你有用的入门引荐，这些引荐又会带来其他的引荐，最终帮助你迈上正确的方向。

建立了自己的关系网络之后，就要维护它。要对那些把你介绍给他人的人表示谢意，如事后致电，或者邀请对方吃饭或者打高尔夫球，这样就会鼓励他们继续帮助你，并且能表达你衷心的感谢；也为你赢得了人情味的加分。如果你的哪一位熟人给你电话，一定要回电话。是的，他们很可能是想要从你这里得到什么东西，但是如果你能够提供帮助或者关系的话，以后的某一天你就会得到回报的，你的关系网络得以加固了。

就像我们在拜访台湾公司的过程中所提到的那样，有些行为可以让台湾人觉得和你相处感觉更舒服。如公司要求的那样，着装要正式。如果你穿得过于正式的话，你可以慢慢放松下来，保守一些无大错。

初次见面时互换名片

名片

交换名片是一个不容忽视的简单礼节。台湾人很重视名片。名片可以实实在在地提示一个人的“关系”。交换名片在中国算不上是新鲜事；在19世纪，如果不是更早的话，就已经使用名片了。过去的名片上面写着一个人的职位或地位，通常是由政府官员赐给的地位和权力，但这些都是老皇历了。一个人可能会给你他的名片让你在拜访另一个人的时候携带，这就表明了他的关系。

要像尊重你面前的人一样尊重对方的名片。要仔细地看、研究，弄懂他的头衔和姓名，如果他的公司的企业标志很不错或者很新颖的话，要表示赞赏。不要像克里斯的一位美国熟人那样犯同样的文化方面的尴尬错误，这位熟人是一位副总裁，他像收集碎纸一样收起客户的名片，然后像发牌似的把自己的名片发给客户，俨然是个拉斯韦加斯赌场的收账人，这让他的客户很反感。同样，也要保证自己的名片够用。在忙碌的联络关系或搞销售期间，很容易一周就用掉100张名片。也可以考虑取个中文名字。要表现出随和好学的态度。关注现在和你会面的人及他的公司。要坦诚、开朗、放松、从容而周到。同时要记住，在关系建立稳固之前，一方面，你不要过于随便地透露自己的生意信息；另一方面，也不要过于遮遮掩掩。这听来像是在引用一句很好的台词，不是吗？尽量避免这样回答问题，如：“对不起，我不能告诉你。这是机密信息。”这样你就是以一种直接的、让对方很没面子的方式告诉对方，你不信任他们和他们的公司。台湾人则会用一种婉转的方式表达同样的意思。比如：“这个信息现在还没有确定，等确定了之后，我会告诉你。”和你说话的人也许并不指望日后真的得到这一信息。

了解并熟悉彼此的商业模式是十分重要的

他们想从你这里得到什么

那么，台湾的生意人想从他们和外国人的关系中得到些什么呢？无论你是买方还是卖方，我们感觉他们想要寻求的可以按照重要性的顺序概括为以下几点：

■ 利润最大化

在和你的关系中，台湾商人当然想要使他们的利润最大化。如果你是卖方，他们会压低价格、条件或者要求委托代销，或者以上三者都谈。你要向他们解释，他们可以从你目前的销售模式赢利，并且你将如何保证项目成功。他们会坚持你必须给他们价格方面的让步他们才能赢利，你要尽可能地做一些背景调查，来证实或者反驳他们的说法。然后可以把你的提议交给你的管理层来讨论，或者自己做决定，怎样合适就怎样做。如果你是买方，你要做好准备，他们也许会许诺得天花乱坠，但是你最后却不能按时收到送货等诸如此类的事情。

■ 在正确的层次上交易

台湾人很在意等级的高低。从他们的文化视角来看，一个职位低的人会被看作是没有什么影响力的或者只是一块垫脚石，而不是一个可以和你的公司合作的一个渠道。如果他们不认识你，起初总是对你持怀疑的态度。如果你没有被授予做决定的权力，并且也没有建立起好的关系的话，他们就会绕开你。当然，偶尔说“我必须要和总部请示”，他们也会接受，但一直这样则不行。

■ 长期关系

台湾的生意伙伴都更愿意有机会建立长期的关系，而不是一次性的关系。这样就不用因为改变供货商或者客户而必须要重新了解其他的很多外国人；同时也能充分地利用已经建立起来的关系，并且使长期的现金流动规划更顺畅。

■ 友谊

虽然要花费好几年的时间，但是你的生意伙伴会希望最终能和你交朋友。台湾人很和气，不会端架子。在共同经历过一些事情和困难之后，友谊也会成熟起来。

贿赂、腐败、好处和礼品

是的，确实有红包存在；也有贿赂。但是也不全是这样，不是必须要这样做。在《如何在台湾做生意》一书中谈到，在解决涉及台湾地区相关条例问题时，如果依靠贿赂和关系，后果将是非常糟糕的。如果是一个大官司的话，还是涉及台湾地区相关条例说了算。还有很多资料表明有很多西方人合法经营的公司成功地拒绝贿赂和腐败，也能够得到对他们有利的生意机会。这一点我们既表示同意也表示不同意。

这里我们可以先玩一个小的画线游戏。到什么程度，礼品就变成了贿赂了呢？这虽然不是一个法律意见，但是，贿赂就是为了保证事情结果所给予的一份丰厚的诱饵。而礼物则是一份敬意的表达，用于巩固友情，表达诚意。礼物经常在事情的结果还没有出来之前就要给的，不必用于保证事情的结果。

台湾人都很感性。他们的社交意识敏感而细腻。如果他们因为某种感情上的原因不喜欢你和你的公司，他们也不会喜欢你的礼品。他们会觉得你和你的公司正是他们要对付的对手。用错误的方式，把礼品送错了人，或者送错了礼品，后果比不送还糟糕。不要把礼品看作是贿赂或是引诱。要去了解你想与其建立良好关系的人，理解他们的需要和担忧（他们有对自己的部门、工厂和公司的看法）。然后把礼品看作是朋友之间随意的馈赠，不带有任何强迫性。

如果没有得到这笔生意，也不要把那个人揪出来，质问为什么没有和你签合同。相反，再次请他出来，向他请教你们公司以后要如何改进合作的条件，有没有其他的可以做的工作。要巩固你的关系网络，他有可能告诉你还不是完全没有机会，他愿意重新开始叫牌，谁知道呢？

管理台湾员工

你已经看过了第四章，开始理解了台湾人是如何看待你的。由于你是外国人，他们对于你会怎样和他们工作，怎样管理公司已经有了一定的认识。很多台湾人对在外国公司工作感到庆幸，因为这里有比较有序的晋升机会、机会均等、报酬也要好很多。你不必要强迫自己接受台湾式的、带有家长独裁式作风的家族企业管理方式，这样也会让他们觉得更舒服。

但是，理解并同情台湾人的人际关系网络是非常重要的。首先要懂得如何在他们面前表现。你是老板，或者如果你是一位女性的话，就是老板娘。他们期望你有令人尊敬的地方和控制全局的能力。不要表现出惊慌失措或者不舒服的样子。只有在私下里才可以表现出你的不悦情绪，或者以一种不要让他们觉得丢面子的方式来表达。美国人喜欢的那种虚假讽刺性的表扬和反义的恭维都不能在这里使用。

开会时，要注意引导员工参与其中

他们要么就是没有理解真正的含义，一旦理解真正的意思，就会生气并且憎恨你。谨记西方人的管理警句，“私下批评，当众表扬”，但是要语言简洁，避免含糊其辞。

使员工参与其中

西方的管理人员在台湾工作期间经常谈论的一个难题就是很难让员工把意见表达出来。不要忘了台湾文化是建立在礼义廉耻的文化基础之上的。人们的内驱力就是为了避免羞耻。如果你召开员工会议，发现只有你自己在进行一言堂，你就需要引导你的管理人员说话，把他们的创造能力和个性充分表达出来。他们不愿意当众批评别人，害怕遭到报复；也不愿意为说出新的想法而冒险。

你可以通过一些手段让他们把自己的意见表达出来。如果公司比较大，问题严重的话，你可以聘用一个管理顾问来激发员工的活力。相反，如果是小公司，则可以从改变自己开始。你可以从个别谈话入手。问问个人过去的经历（大学、球队、从业经历）和将来要实现的抱负，喜欢公司的哪些方面。向他们解释你虽然不是台湾人，但是你觉得能够理解他们不愿冒险提出自己意见的担心，你理解他们。

同时也要告诉他们，你来自于不同的文化环境，这种文化会给承担风险的人以回报，即使失败了也是这样，因为从失败中汲取了宝贵的经验，下次就会做得更好。或许你还可以举

经常跟员工交流，可以减少流言飞语的传播

自己的经历为例。在你的文化环境里，个人在团队中才能取得成功。在你的公司里，成功的规则是建立在参与、合作和愿意承担风险的基础之上的。要让对方好好考虑一下这些。

下一次开会的时候，提醒每个人记得来和自己谈话，并且要表扬在这一周里通过经理们的团队合作所取得的成绩，向他们表示感谢。然后还要对某一个人所表现出来的优点提出表扬，并说明为什么值得表扬。接下来提出你认为必须紧急商讨的议题，这可能是你，而不是他们要处理的一个问题。征求他们是否有妥善解决问题的意见。不要批评任何一项建议，而要表示这一建议如何明确了这个问题中某些原本不明显的方面。换句话说，即使是错误的答案也有其可取之处。因为这是一个需要你解决的问题，需要马上做出决定，而不是裁定是非。

使员工善于表达意见需要花费时间，开很多的会议。然而，最重要的是要创造出让他们觉得发表意见很安全的氛围。并且，要记得，你是最终的领导，你应当做出领导的表率。

流言飞语

传播流言飞语是台湾公司中的常见问题，总是在员工中制造不良的氛围。糟糕的是你的普通话还不过关，有些流言飞语是有关你的！在你的员工中要有一位你可以更加放心信任的本地人，作为你在管理中的耳目，这一点至关重要。这个人可以是你的

人事经理或者主管会计。如果你的公司的确比较大的话，那就选择两三个这样的人。经常带员工出去参加社交活动或者放松一下。这本身就会减少围绕你的流言，也让你获得对自己团队的宝贵认识。

调解人

有一个经得住时间考验的、台湾式的传统可以有效地运用在管理中，就是中间调解人。如果有某位员工有问题或者表现不佳，你可以让上文提到的你的耳目去和当事人交流一下。这样就可以避免让他直接到你面前来解释自己的问题时而感到丢面子的问题。

人情味

人情味也很重要。感情，而不是责任或者义务，是台湾人人际关系或者企业关系的源泉。尤其在就业率很高的时期，员工可以因为不喜欢和你在一起工作的感觉，而随便就能跳槽到一家待遇稍高一些的公司。你是否激发了他们的信心、忠诚和指引了他们的方向呢？他们能否感觉到你理解他们和他们的工作动力，无论是在个人方面的还是在文化方面的？当他们请假归来，袖子上别着白色的臂章的时候，你是让他们在去见一位重要的客户之前取下来，还是询问是谁去世了，并表达你的哀悼？

腐败

你自己要警醒，抵制欺骗、腐败和不正当的谋求职位的现象。这并非说台湾人格外不诚实、腐败。每一种文化、每一个地区都有此类现象。但在这里你是陌生人。你不懂得当地的语言，不知道你的周围，甚至不清楚在你的眼皮底下到底发生了什么事情。要建立适当的会计、人事和管理程序。尽可能多地使用总部的管理手册。然后，当你觉得你能够掌控你的公司的时候，可以调整这个体制来更好地适应台湾的员工，稍加放松就足够了。

中层管理人员的要与不要

以上的大多数提示都是针对那些手下有很多台湾人为他工作的老板的。但是，越来越多的外国人在台湾为台湾人工作，下面的这些提示是针对你们的。

■ 流利的英语和西方的管理技巧和营销技巧很可能是他们雇用你的原因，但是你的汉语说得越好，你的价值就越高。要坚持不懈地努力提高你的汉语水平，当你觉得

要主动融入当地的风土人情中，和员工打成一片

这是一场永远也不会结束的战斗时，不要灰心丧气。

■ 主动融入当地的风土人情之中。台湾人会感受到你的人情味。如果你表现得冷冰冰的或者不够真诚，他们能够感觉得到，会议论你并且孤立你。

■ 台湾人会欣赏你的当众演示的能力和组织能力，如果这是你的强项的话。这里的人一般比较胆小害羞，不愿意在众人面前站起来说话。如果你能够同样用汉语演示的话，则会更好。

■ 表现出你不怕吃苦的精神，平时加班或者周末工作时要毫无怨言，即使这并不能使你显得比你的台湾同事更出色，但是至少不会给你打上外国懒汉的标记。

■ 下班后要和同事或下属多交往，一起喝杯啤酒放松一下，或者唱唱卡拉 OK 以巩固自己的关系网。

■ 要用英语钻研你的行业，学习一些你的老板还没有掌握的商业知识和信息。他们会为你的积极性感到高兴并对你留下好印象。

永远要抬举你的老板。不论是在台湾地区还是在美国，这一点都是真理。

商业保护

假设你要生产 50 万件由你公司设计的、独特的、具有专利权的闹钟收音机，你可能希望采取某些保护措施。台湾有很多的中介商，所以你要问清楚和你谈话的人是否是中介商。如果不是的话，要问他的工厂在哪里，你是否可以到那里看看。尽量直接找生产商。和你打交道的人可能只能生产塑料的铸模外壳和在外委托生产印刷电路板，如果是这种情况，你要坚持和该厂的 PCB 生产商见面。

确定了供货商之后，你还需要保护自己的设计版权和专利权。盗版产品现在不像以前那样没有任何约束，因此你可以通过台湾地区相关条例来采取措施。怎样获取专利，在《如何在台湾做生意》一书中有全面的英文介绍。

你要签订一份包含了技术指标、回报条件、交货日期等内容的合同。这是一份具

如果你是高尔夫球爱好者，可以通过球场做成生意

有约束效力的文件，对于约定彼此应当付出的劳动很有必要。但是说到底，选择对了供货商是最关键的，和一个错误的对象签订正确的合同只能给你带来痛苦。

最后一点，除非你有设施或者总部的人员能够在产品生产过程中进行监督，否则的话，你应该雇用那些能够提供此类服务的专业的服务公司来进行生产监督（很多公司都是西方人经营的）。

商务社交和娱乐

现在来谈谈娱乐的部分：喝酒、吃饭、打高尔夫球，和一些亚洲的熟练玩家一起放松一下。台湾人喜欢娱乐别人，也喜欢享受娱乐。喜欢喧闹的餐馆，带点“颜色”的故事，尊敬有酒量的人。遗憾的是，这些娱乐都不像过去那么便宜了，相反，价格十分昂贵。要确定你的公司是否在娱乐支出方面做足了预算。根据公司规模的大小，娱乐支出占到每年毛收入的几个百分点并不算太多。

日间的娱乐活动仅限于午餐和高尔夫球。如果你是高尔夫球好手的话，就好好利用这个机会在球场上做成生意。在打球时谈生意没有什么不妥的地方，但在洗桑拿时或者咖啡馆里就不合适了，或者在对方提供了很多机会之后，开始吃午餐时谈也不大合适。重要的是你们有过互相帮助巩固生意关系的共同经历。

喝酒聚会

晚上的娱乐机会更多一些。全套的晚间娱乐包括吃一顿丰盛的晚宴，喝啤酒或中国白酒，然后到歌厅继续喝酒唱歌，和一两位歌厅小姐聊聊天，之后在蛇谷或者龙山庙附近的德化街或者到咖啡馆或夜市吃消夜。

台湾人习惯玩一些酒桌上的游戏。如果你能喝酒的话，这些都是热闹而有趣又带些醉意的竞赛……最简单的游戏就是著名的石头、剪刀、布的游戏。另一种猜拳游戏稍微复杂一些。参与者要迅速并且双方同时用一只手随便表示一个数字，两个人同时口中喊出双方手势所表达的数字之和。如果两个人说的都不对，再重复这个过程，但是如果有一个人对了，输的人就要罚酒一杯。那些狂热爱好者玩这个游戏的速度快如闪电，当然，是在没有喝醉酒之前。还有一些行家会说一些数字的代码（比如用“宜兰”的城市名来代替数字“一”），使得游戏更加有趣。我们见过最复杂的版本是每个参与者都用两只手，重来的次数更加频繁，对于那些不甚热衷的人来说，就像是匆忙的拍卖师不断在喊一些数字。在酒精的作用下，挥动的手有些不听使唤，声音也有些含混不清了。你肯定会随着夜越来越深，输得也越来越多。

娱乐的面子

不论是别人请你娱乐还是你请别人，都不要忘了面子的重要性。如果是别人请你，一定要让主人知道你玩得很开心。否则的话，不仅表明你是个忘恩负义的人，也会使你丢面子。让自己充分地信任主人，如果双方都愿意的话，甚至可以让自己喝到

在台湾，女性在商界也可以取得成功

醺然而忘乎所以（但不要到呕吐）的程度。如果让对方感觉到给你带来了新奇的体验，自然也会拉近彼此的关系。

请别人娱乐也要讲面子。如果你要请客人吃中餐，还可以请他们点或者让一两位当地的员工点客人喜欢吃的菜。如果请吃西餐的话，要记得他们可能不太熟悉菜单上的那些菜和那些专门的餐具，如蜗牛夹，或者有的地方有三把刀叉。这会让他们觉得很尴尬。在这种情况下，要主动给他们介绍一下餐具的用法。

不要像对乡下佬那样指导他们，而要带有感情色彩地解释为什么你喜欢这道菜，为什么想要让他们尝尝，仅此而已。不要选择那些味道较重的西式菜点，这些通常会被认为有不太令人习惯的味道（如有青霉的斯提尔顿干酪）。还要做好准备为自己点一些你认为他们可能喜欢的东西，因为他们觉得要和你点一样的菜。如果你向他们推荐了某道菜的话，你应该自己也要点一份。

胡闹

台湾现在不像过去那样被商人们看作是男人的天堂，他们在以前随时都在寻找卧室里的舒服享受。但是，一些日本人和台湾人还在这里寻找女性伴侣。就如在《台北生活》一书后面的“台北指南 A–Z”中所说的那样：“台北有很多不同种类的理发店。列举在‘专业理发’下面的还有其他服务。在陈水扁任职之前，吉林路上有几百上千家的理发店，多达 2 万名女性在这里工作。简单地讲，这些女人的确也理发或修指甲，但那些私密的房间和摆放的躺椅还有更广泛的用途。随着台北市的清理活动，这些娱乐活动已经搬到了城市周边，走在强迫令的前面，或者去了郊区和南部地区。”

在很多卡拉 OK 歌厅和酒吧都有陪酒小姐。要记住，是按照每位小姐和你聊天的时间来收费的。当然，你还要付饮料的钱，所以账单费用增长得很快。假如你和你的客人并非真的很喜欢这种陪伴的话，你最好还是选择一家广告推荐的酒吧。这类酒吧更类似于西方的酒吧，有飞镖游戏和啤酒，充满了欢声笑语。

商界女性

在台湾，女性很可能在商业上取得成功。现任的台湾高速铁路的负责人就是一位女性。对于外国女性来说，《台北生活》一书中所有已经谈过的内容同样适用，但还是有更多的几条提示。如上所述，娱乐是签订合同、发展关系、表现人情味、获得生意机会的一个重要部分。显然，台湾男人当着你的面去发廊会觉得不自在。但是，你

在台湾地区，如果你善喝酒会给他们留下深刻印象

还是可以成功地为他们提供娱乐。高尔夫球是不错的选择，尤其是当你还是个中好手的时候，你可以和他们一试高低。请吃饭比较喧闹，如果你善喝酒，你会给他们留下深刻印象。如果你划好了清楚的界线，那么这种和他们“打成一片”的程度就不会被曲解为对他们有意思。

卡拉 OK 酒吧(不论是否有陪酒小姐)，会大大减少你必须陪客人跳舞的可能性，这种娱乐方式会显得不太得体。如果是一间有陪酒小姐的酒吧，你也不必考虑他们会把你这样的“职业女性”等同于此类“职业女性”，也不必为此感到尴尬。其实，他们也把陪酒小姐看作是从事娱乐工作的人，而不是妓女。和这些女人开的玩笑可能有些暧昧，一语双关或含沙射影，但很少是淫秽的。男士带着陪酒小姐离开酒吧的现象并不多见。

最后一点：如果你是一位总经理的话，注意要保持冷静果断，在处理问题时的头脑以及适应当地文化的领导方式要经得起员工的审慎目光，甚至在娱乐时也是这样。

祝你在台湾过得愉快，健康长寿！

第十章

台湾掠影

“对于全世界的外交家和企业来说，希望整个大陆和台湾问题能够‘走开’，但看起来并不乐观。很多民意调查显示大多数台湾居民对于目前这种未宣布的独立现状感到满意。”

——凯文·查姆伯斯《商业制胜：台湾》

台湾概况

“行政中心”

台北。

时间

格林尼治时间加 8 个小时。

土地

亚洲东部，是临东海、菲律宾海、南海和台湾海峡的群岛。

面积

总面积：35 980 平方公里（13 892 平方英里）。

陆地面积：32 260 平方公里（12 455.7 平方英里）。

水域面积：3720 平方公里（1436.3 平方英里）。

垦丁海滩

最高点

玉山。

阳光下，小绿植随风摇曳

主要河流

浊水溪、高屏溪、淡水河、大甲溪、乌溪和曾文溪。

气候

热带；海洋性；西南季风过程中有雨季（6~8 月份），终年多云。

自然资源

有少量的煤矿、天然气、石灰石、大理石和石棉。

人口

23 361 147 人（2013 年统计）。

主要宗教信仰

兼有佛教、儒教和道教、泛灵论和基督教的混合宗教信仰。

语言

普通话（“官方”）、闽方言。

货币

新台币（TWD 或者 NT）。

农场品

水稻、玉米、蔬菜、水果、茶叶、猪肉、禽类肉、牛肉、牛奶和鱼肉。

茶园中正在晾晒加工的茶叶

工业

电子业、石油冶炼、化工业、纺织业、钢铁制造业、机械生产业、水泥、食品加工业。

出口产品

计算机产品和电子设备、金属、纺织品、塑料和橡胶制品、化工制品。

进口产品

机械和电子设备、矿产和精细设备。

港口

基隆港、花莲港、高雄港、苏澳港和台中港。

机场

共有 40 家机场（2003 年统计），其中 37 家铺有跑道。最主要的机场是桃园机场和位于岛西南端的高雄机场。

铁路

铁路共长 2544 公里，由台湾铁路管理部门经营。

名胜

玉山

太鲁阁公园

垦丁

阿里山铁路

日月潭

太鲁阁公园

附录 FULU

文化知识小测试

你已经读完这本书了，在让当地人碰到你的文化上的疏忽与不解之前，你是否愿意测试一下自己的知识呢？做一做下面的正误判断小测试吧，只是了解一下你从每一章学到了多少知识。同时也要小心那些故意转移你的注意力的题目。根据你的分数，你可能还想再看看答案中相关部分的内容。

垦丁灯塔

问题

1. 台湾是中国的一部分。
2. 由于台湾是热带岛屿，终年天气晴好。
3. 到达台湾后，你可以在机场等候自己的签证。
4. 由于交通拥挤，建议乘坐“野鸡出租车”，因为只有这样才能更快地将你送达目的地。
5. 很多移居台湾的人都住在天母和阳明山附近。
6. ICRT 是个对外国人很有帮助的当地英语广播电台。
7. 台湾的地产经纪人只从你这一方得到佣金，所以在谈判的时候会向着你这一方。
8. 在很多商店，讨价还价是被大家所认可的做法。
9. 斤是一个重量单位。
10. 由于台湾出口世界各国很多服装，在这儿各个型号的时装都很容易买得到。
11. 在台湾，开车如噩梦，停车如美梦。
12. 在台湾只说英语就可以过下去。
13. 外国人学习说汉语是有可能的。
14. 学习唱流行歌曲是很好的提高

汉语口语的方法。

15. 一个人的名章只是一个过去的纪念物，用于以传统方式盖在信件上。

16. 儒教、佛教和道教对台湾人的日常生活有深刻的哲学影响。

17. 由于台湾曾经是日本的殖民地，因此在文化上有和日本非常相似地方。

18. 台湾人对外国人只有尊敬，应该把他们看作是很精明的谈判者。

19. 面子对台湾人来说依然非常重要。

20. 中国文化是建立在“耻”的基础之上的。

21. 人情味是一种特殊的，带有异国风味的壮阳菜单，只有在特殊场合才提供。

22. 给台湾人送礼品，重要的是你的心思，而不是礼物的大小、类型和品牌。

23. 如果你关心台湾人的健康，给他们一些医药方面的建议，他们会表示感谢。

给台湾人送礼，重要的是心思

24. 婚礼要花一大笔钱。

25. “热闹”是汉语中对“狗食”的叫法。

26. 儒家的礼节要求一同吃饭的人要共付账单。

27. 宴会上的礼节要求你用自己的筷子给同伴夹菜。

28. 台湾人好赌。

29. “生意”字面的意思是“人生的意义”，但实际上是“商业”的通常说法。

30. 台湾人比较喜欢你带有感情色彩地回答他们的问题，而不是简单、明确的“是”或者“不是”。

31. 钟表会被看作是很好的礼物，因为它表明你希望你们的友谊能够长久。

32. 教育对于中国人的重要性可以追溯到几千年以前。

33. 如果一位台湾朋友病了，你公开地表达对他健康的关心，并告诉他你认识的其他人中也有得这种病的，他们会表示感谢。

34. 儒教的谦虚要求葬礼要简单、安静、节约。

35. 如果想要在外面度过一个安静的夜晚，高级的欧式餐馆仍然是在台北最好的选择。

36. 和台湾人吃晚饭后，如果轮到

你来结账的话，一定不能让对方拿走账单去付账，不管是谁主动提出的邀请。

37. 在正式的中式宴会上，合乎习俗的做法是不要把自己碗里的饭或者面条全部吃光，这样表示你已经吃得很饱了。

38. “黄牛”就是票贩子。

39. 华纳村是地处深山的基督教传教士。

40. 龙舟赛是世界上唯一由一位溺水而亡的士大夫所引发的运动。

41. 在“鬼月”中，格外谨慎的台湾人会小心处事，不结婚也不开张新的生意。

42. 在台湾最好的大学台大附近区域，你可以找到很多价格合理的外国餐馆。

43. 建议你的公司雇用员工的亲戚。

44. 吃完午饭后，在办公室工作的人会把外套盖在头上，小憩一会儿。

赛龙舟是为了纪念中国伟大诗人屈原

45. 关系应该被看作是一种人际网络，但是带有台湾的文化要求在其上。
46. 交换名片应当很正式，让给你名片的人觉得有面子。
47. 由于你的台湾伙伴邀请你去吃一些新奇的食物，你应当邀请他们去一些更新奇的西式餐馆来回敬。
48. 台湾人喝自来水，但你不要喝。
49. 台风和地震都是可能发生的紧急情况，要有所准备。
50. 由于台湾的经济发展非常好，失业率为零，所以台湾几乎没有犯罪。

答案

1. 对。参见第二章。
2. 错。参见第一章和第五章。
3. 错。在到达台湾之前应当准备好有效的护照和签证。参见第五章。
4. 错。参见第五章。

5. 对。参见第五章。

6. 错。过去是这样，但是ICRT新的管理者更重视本地语言节目。外国居民社团呼吁电台恢复原来的广播内容。

7. 错。他们拿双方的佣金。参见第五章。

8. 既对也错。相比以前，现在接受讨价还价的商店越来越少了。但在某些商店和某些情况下，讨价还价还是可以被接受的。参见第五章。

9. 对。参见第五章。

10. 错。参见第五章。

11. 错。开车如同噩梦一般，如果想在台北很容易就能找到停车位，那简直是在做梦。参见第五章。

12. 错。你至少应该学习一些最基本的语言，这样会使你在台湾的生活更容易些。参见第八章。

13. 对。你的确应该努力这样做。参见第八章。

14. 对。参见第八章。

15. 错。印章即使现在也是做生意或识别身份的必不可少的物品。参见第八章。

16. 对。参见第二章。

17. 错。在文化上台湾和日本迥然不同。

18. 错。参见第四章。

19. 对。参见第三章。

20. 对。参见第三章。

21. 错。参见第三章。

22. 错。台湾人更喜欢能够体现身价的名牌产品。参见第三章。

23. 错。参见第四章。

恒春半岛碧海蓝天

24. 对。参见第四章。
25. 错。参见第六章。
26. 错。参见第六章。
27. 错。要用公用筷子。参见第六章。
28. 对。参见第七章。
29. 对。参见第九章。
30. 对。参见第三章。
31. 错。参见第三章。
32. 对。参见第三章。
33. 错。参见第三章。
34. 错，恰恰相反。参见第四章。
35. 对。参见第六章。
36. 错。如果他们接受了你的邀请去吃饭，就应该是你来付账。如果他们邀请了你，你也应该抢着付账，但最后还是应该让他们付账，并且向主人表达你的谢意。参见第六章。
37. 对。参见第六章。
38. 对。参见第七章。
39. 错。这是一个多功能的综合影院。参见第七章。
40. 对。参见第七章。
41. 对。参见第七章。
42. 对。参见第七章。
43. 错。他们一起合作得很好。但是由于语言和其他方面的问题，你不会想让这些有家族关系的人联起手来和你作对。参见第九章。
44. 对。参见第九章。
45. 对。了解更多有关这个重要问题的信息，参见第九章。
46. 对。参见第八章和第九章。
47. 既对也错。回请是完全正确的，但是要贴近台湾的口味，帮助他们点一些他们可能喜欢吃的

菜。参见第六章。

48. 错。台湾人一般不会直接喝自来水。他们要烧开了再喝。你可以入乡随俗，也可以喝瓶装水。

49. 对。参见第五章。

50. 错。台湾的暴力犯罪比很多西方国家都少，但是，尽管经济势头强劲，台湾的盗窃、团伙作案和敲诈勒索的案件也很多。参见第五章。

行为准则

要做的事

- 对你说英语时，要称赞对方的英语。
- 要学习汉语，这方面的一点点努力就会加深与当地人的关系。
- 要尽量理解和你交往的对方的立场并永远尊重对方的立场。
- 如果你的台湾朋友请你外出吃饭或者喝酒，要尽量回请。
- 和你的台湾朋友外出短途旅行时，如果还没有说好谁付账的话，你要付账单。
- 需要巩固关系的时候，要适当送些礼物。
- 买大件的贵重物品时，要讨价还价，如电脑、定做的服装等。东西越是贵重，讨价还价越是不易。
- 管理公司的生意时要谨慎。如果你刚到台湾，还不太会说汉语，你所做决定的很多相关信息和关键提示会被模糊化。

不要做的事

- 除非你的台湾合作伙伴要求你纠正他的英语，否则不要这样做。
- 不要说你对学习汉语毫无兴趣。
- 不要将对方的恭维当真，因为这样的恭维往往是夸大其词，是为了给你面子。
- 不要忘了付账单或者忘了感谢邀请你的主人。

骑车看风景

- 不要想当然地认为你的台湾朋友曾经拒绝过你某个活动的邀请，就是他们不想去，再邀请一次。
- 除非参加葬礼，否则不要用白色的包装来包装礼物，也不要用手表或者钟表作为礼物。
- 不要以为任何人都想骗你的钱而觉得买任何东西都必须讨价还价。
- 不要从第一家你碰到的商家买价格昂贵、不能还价的商品，比如机票。
- 在灌输给你的员工你的企业文化和管理方式之前，不要把责任分担给员工。

词汇表

人称用语

我 Wo ········ I
你 Ni ········ You
他/她 Ta ········ Him/Her
我们 Women ········ We/Us
你们 Nimen ········ You
他们 Tamen ········ They/Them
先生 Syansheng ········ Mr
太太 Taitai ········ Mrs
小姐 Syauje ········ Miss
人 Ren ········ Person
的 De ········ Possessive Particle

客气用语

请Ching ········ Please
谢谢 Syesye ········ Thank you
对不起Dweibuchi ········ Excuse me
你好吗？ Ni hau ma？ ········ How are you？
请问？ Ching wen？ ········ May I ask？
早安Dzau an ········ Good morning
晚安Wan an ········ Good evening
再见Dzai jyan ········ Good bye

基本动词

去Chyu ········ To go
要Yau ········ To want
来Lai ········ To come
走Dzou ········ To walk
吃Chr ········ To eat
看Kan ········ To read / see
坐Dzwo ········ To sit
买Mai ········ To buy
写Sye ········ To write
说Shwo ········ To say
听Ting ········ To hear
想Syang ········ To think
开Kai ········ To open
关Guan ········ To close
居Ju ········ To live
是Shr ········ To be
会Hwei ········ To be able
好Hau ········ To be good
用Yung ········ To use
有You ········ To have
告诉Gausu ········ To tell
知道Jrdau ········ To know

吗Ma ········ Question

了Le ········ Past tense

不/没Bu/ Mei ········ Verb negator

指向用词

到Dau ········ To/Towards

下Sya ········ Down

上Shang ········ Up

里面Limyan ········ Inside

外面Waimyan ········ Outside

从Tsung ········ From

在Dzai ········ At

这个Jeige ········ This

那个Neige ········ That

这里Jeili ········ Here

那里Nali ········ There

地方名称

机场Ji chang ········ Airport

大饭店Da fan dyan ········ Hotel

学校Sywe syau ········ School

餐厅Tsan ting ········ Restaurant

医院Yiyuan ········ Hospital

家Jya ········ Home

电影院/戏院Dyan ying yuan/syi yuan ········ Cinema

厕所Tse swo ········ Toilet

酒吧Jyou ba ········ Bar

澳大利亚Aujou ········ Australia

美国Mei gwo ········ America

印尼Yin ni ········ Indonesia

售票处Shou pyau chu ········ Ticket Window

地下铁/捷运Di sya tieh/ jie yuen ········ Subway/Underground

入口/出口Ru kou/chu kou ········ Entrance/Exit

百货公司Bai hwo gong sz ········ Department store

警察局Jing cha jyu ········ Police Station

事物名称

汽车Chi che …… Automobile

飞机Fei ji …… Airplane

计程车Ji cheng che …… Taxi

电话Dian hwa …… Telephone

电视Dian shr …… Television

门Men …… Door

行李箱Sying li syang …… Suitcase

椅子Yidz …… Chair

书Shu …… Book

钥匙Yau shr …… Key

筷子Kwai dz …… Chopsticks

碗Wan …… Bowl

杯子Bei dz …… Glass

可口可乐Ke kou ke le …… Coca-cola

啤酒Pi jyou …… Beer

水Shwei …… Water

英语Ying yu …… English

中国饭Jung gwo fan …… Chinese food

西餐Syi Tsan …… Western food

菜市场Tsai shr chang …… Vegetable market

数字

一Yi …… one

二Er …… Two

三San …… Three

四Sz …… Four

五Wu …… Five

六Lyou …… Six

七Chi …… Seven

八Ba …… Eight

九Jyou …… Nine

十Shr …… Ten

十六Shr Lyou …… Sixteen

二十Er shr …… Twenty

百Bai …… Hundred

三百San Bai …… Three hundred

千Chyan …… Thousand

七千Chi chyan ················ Seven thousand

钱Chyan ································ Money

块钱Kwai chyan ························ Dollar

贵Gwei ································ Expensive

便宜Pyan yi ···························· Cheap

注意汉语数字的进位：一百，一千，一万，十万，百万，千万，一亿。一辆小汽车的标价可能是NT$ 620 000（即新台币六十二万）。

疑问词

什么？Shem ma? ······················ What?

为什么？Wei shen ma? ················ Why?

怎么？Dzem ma? ······················ How?

什么时候？Shem ma shr hou? ····· When?

多少？Dwo shau? ················ How much?

哪里？Na li? ·························· Where?

有用的词汇和表达方法

Wo shi Meiguo ren/Jyanada ren /Oujou ren.

我是美国人/加拿大人/欧洲人。

I am American/ Canadian/ European.

Ni hui/buhui jiang ying yu ne ?

你会/不会讲英语呢？

Do you/ do you not speak English?

Ching jiang man yi dian.

请讲慢一点。

Please speak slowly.

Ching zai shuo yi bian.

请再说一遍。

Please repeat.

Wo yau :

我要：

I want to:

sya che

下车

get off the bus/train/car

jao ling chyan

找零钱

make change

mai dan

埋单

pay the bill

kan bing

看病

see a doctor

信息资源指南

紧急号码和常用号码

- 火警和紧急电话：119
- 报警电话：110

  英语服务报警电话

  “总局”办公室：（02）25554275/25566007

  天母：（02）28813853

  中山：（02）25111395
- 英语指导救助电话：106
- 海外总机电话：100
- 游客信息热线电话：（02）27173737
- 当地相应机关信息办公室电话：（02）23228888

- 签证延期及办理外国居民证件电话：（02）23817494。可以搜索查询相关网站以得到有关签证的最新信息。
- 签证更新和居住签证电话：（02）23432888
- CLS 国际机场游客服务中心电话：（03）3834631
- 松山机场旅游信息服务电话：（02）3491580
- 高雄机场游客服务中心电话：（07）8057888
- 过量饮酒匿名举报电话：（02）28366994

医院

台北市医院

- 圣临医院，八德路二段 42 号
  电话：（02）27718151
- 台湾“空军”总院，程康路 131 号
  电话：（02）27642151
- 凯西总院，仁爱路 4 段 280 号
  电话：（02）27082121
- 中心医院，忠孝东路 4 段 77 号
  电话：（02）27512121
- 马凯纪念医院，中山北路 92 号
  电话：（02）25433535
- 长庚纪念医院，敦化北路 199 号
  电话：（02）27135211
- 诚信医疗中心，石牌区诚信街 45 号
  电话：（02）28264400
- 高医生家庭医疗中心，天母东路 69 巷 11-9 号
  电话：（02）28744545
- 孙逸仙医院，北投区礼德路 125 号

台湾地区的医生

电话:(02) 28970011

- 阳明医院，石林区雨声街 105 号
电话:(02) 28353456
- 台湾大学医院，常德街 1 号
电话:(02) 23123456
- 新空纪念医院，石林区文昌路 95 号
电话:(02) 28332211

桃园县医院

- 长庚医院，魁山福双路 5 号
电话:(03) 3281200
- 爱仁总医院，养生北路 321 巷 30 号
电话:(03) 4585566
- 民生总医院，声名三路 3 段 106 号
电话:(03) 3379340
- 新总医院，复兴路 152 号
电话:(03) 4225180
- 省立桃园医院，中山路 1492 号
电话:(03) 3699721
- 阳明总医院，元平路 2 段 56 号
电话:(03) 4929929

高雄市医院

- 忠厚纪念医院，新川 1 路 100 号
电话:(07) 3121101
- 高雄荣民总医院，大众 1 路 386 号
电话:(07) 3422121
- 市立民生医院，凯旋 2 路 134 号
电话:(07) 7511133
- 台湾“海军”总医院，忠孝路 553 号
电话:(07) 5817121
- 元氏纪念医院，程康 1 路 162 号
电话:(07) 3351121
- 凯旋心理诊疗医院，府城街 2 号
电话:(07) 7513171
- 高雄医学院附立医院，师传 1 路 100 号
电话:(07) 3121101
- 妇女儿童总医院，成花 1 路 976 号
电话:(07) 3122565

台中市医院

- 台中荣民总医院，荣港路 3 段 160 号
电话:(04) 3592525
- “中国医学院附立医院”，学识路 95 号
电话:(04) 2052121

新竹市医院

- 新中兴医院，兴安路 43 号
电话:(03) 5213163
- 惠民医院，“中华”路 2 段 298 号
电话:(03) 5253177
- 宏恩医院，建国路 2 段 147 号
电话:(03) 5335172
- 新竹医院，建国路 1 段 442 巷 25 号
电话:(03) 5326151
- 南门综合医院，林森路 20 号
电话:(03) 5261122

花莲县医院

- 住持佛教徒总医院，江阳路3段707号

电话:（03）8561825

住宿

台北市饭店

- “国宾”大饭店，电话：(02)25511111
- 远东大饭店，电话:（02）23788888
- 富都大饭店，电话:（02）25631111
- 园山大饭店，电话:（02）28868888
- 君悦大饭店，电话:（02）27201234
- 希尔顿饭店，电话:（02）23115151
- 老爷大酒店，电话:（02）25423266
- 花翎旅店，电话:（02）28735511

台湾圆山饭店展品

- 康华大饭店，电话:（02）25215151
- 兄弟饭店，电话:（02）27123456
- 晶华大饭店，电话:（02）25238000
- “华国”洲际大饭店，电话：（02）25965111
- 福华大饭店，电话:（02）27002323
- 台北商旅，电话:（02）87733799
- 长寿饭店，电话:（02）23969321
- 长虹饭店，电话:（02）23119193
- Regal饭店，电话:（02）27138600
- 豪景大饭店，电话:（02）23113131
- 欧华酒店，电话:（02）25853258
- 豪帝会馆，电话:（02）27295533
- 四季花园酒店，电话：(02)23785668
- Sowa酒店，电话:（02）25796162

桃园市饭店

- 住都大饭店，电话:（03）3766177
- 富都大酒店，电话:（03）3465566
- Hard Zura酒店，电话：(03)3558833
- Majesty酒店，电话:（03）3366600
- 尊爵大饭店，电话:（03）3169900
- 桃园假日酒店，电话:（03）3254021

酒店式公寓

- 亚太会馆，松高路58号，电话：（02）87805168
- 日月光饭店，新竹市富春街3号，电话:（03）5296888
- 四季花园行政套房酒店，安和路2段181巷10号，电话：（02）23785668

理财机构

外资银行

- 荷兰银行，电话：(02) 25037888
- 美国运通银行，电话：(02) 27151581
- 曼谷银行，电话：(02) 25062800
- 意大利商业银行，电话：(02) 27180750
- 美国银行，电话：(02) 27154111
- 花旗银行，电话：(02) 27155931
- 德商德意志银行，电话：(02) 37078338
- 东京三菱银行，电话：(02) 25140598
- 新加坡发展银行，电话：(02) 27137711
- 华侨银行，电话：(02) 27188819
- 斐商标准银行，电话：(02) 25451060
- 英商渣打银行，电话：(02) 27166261
- 瑞士联合银行，电话：(02) 27186999

证券投资机构

- 花旗证券投资，民生路4段55号2层
电话：(02) 25433777
- Master Link，三德路 171 号 16 层
电话：(02) 23456188
- 金鼎综合证券，敦化南路 2 段 99 号 32 层
电话：(02) 23259000
- 渣打证券，敦化路 168 号 7 层
电话：(02) 2479873
- 安泰证券投资，基隆路 1 段 210 号 4 层
电话：(02) 87804980
- 霸菱证券投资顾问，民生东路 3 段 129 号 8802 室
电话：(02) 27176866

娱乐休闲

影院

- 英文版的《中国邮报》和《台湾新闻报》有电影上映时间的信息。成人票价 250 元新台币，如果出示学生证可以享受打折。
- "首都"影院，清安东路 219 号
电话：(02) 27415991
- 忠孝影院，忠孝东路 4 段 201 号
电话：(02) 27214555
- 大世纪影院，罗斯福路 3 段 325 号
电话：(02) 23629629
- 胡佛影院，武昌街 2 段 89 号
电话：(02) 23315067
- 光华影院，忠诚路 289 号
电话：(02) 28812446
- 力士影院，武昌街 2 段
电话：(02) 23118628
- 美琪大戏院，汉昌街 166 号
电话：(02) 23312770
- 新奥斯卡影院，欧美街 115 号
电话：(02) 23611691
- 新世界影院，汉昌街 116 号
电话：(02) 23312752
- 东方珍珠影院，南京西路 14 号
电话：(02) 25112486

- 奥斯卡影院，长安东路2段251号
  电话:(02)27118298
- 新新影院，林森北路246号
  电话:(02)25371889
- 太阳影院，武昌街2段87号
  电话:(02)23315256
- 挺好影院，复兴南路126巷1号
  电话:(02)27119305
- 同光影院，林森北路431号
  电话:(02)25419300
- 通用影院，南京东路5段200号
  电话:(02)27467201
- 华纳村，松寿路18号
  电话:(02)8785566

图书馆

这些图书馆在使用上可能有些限制：

- 美国资料中心,电话:(02)23052382
- 新谊基础学前教育资料中心，电话:(02)23965303
- 现代历史图书馆,电话:(02)27822916
- 人类文化学图书馆，电话:(02)26523376
- 中心图书馆，电话:(02)23110155
- 教育资源与研究所，电话:(02)33615021
- Ricci汉语研究所，电话:(02)23689968

文化中心

- 美国文化中心，台北市南海路54号，电话:(02)23227981
- 中国文化与电影中心，台北市池川南路2段34号
  电话:(02)23229010
- 文化事务研究所，天母西路5巷12号3层
  电话:(02)28713150

协会与俱乐部

- “中华美国俱乐部”，电话:(02)28858260

台大总图书馆

- 澳大利亚与新西兰社交协会，电话：（02）28724664/28626051
- 英国人社交俱乐部，电话：（02）28743512/9947
- “台湾加拿大人社团”，电话：（02）25149477
- 台北城市俱乐部，电话：（02）27139955
- 台北基督教女性俱乐部，电话：（02）27518755
- 台北国际女性俱乐部，电话：（02）27887415
- 台北青年项目协会，电话：（02）28731815
- 冒险 Kayak 俱乐部，电话：（02）29139752
- 台北游船俱乐部，电话：（02）26205159（英语）
  电话：（02）24524200（汉语）

博物馆

开放时间并不统一，需要提前打电话确定。并且，很多博物馆的展品都只有汉语的介绍。

- 蝴蝶博物馆，台北市池南路 1 段 71 号
  电话：（02）23218679
- 中正纪念堂，台北市中山南路 21 号
  电话：（02）23431100
- 水晶博物馆，台北市北投区重阳北路 4 段 515 巷 16 号
  电话：（02）28958861
- 高雄历史博物馆，高雄市盐城区冲绳 4 路 272 号

希诺奇台湾桧木博物馆

电话:(07)5312560

- 土地改革博物馆，台北市敦化南路1段1号10层
电话:(02)25792458
- 台北故宫博物院，台北市中文路2段221号
电话:(02)28812021
- 台北美术博物馆，台北市中山北路3段181号
电话:(02)35957656
- 台湾民间艺术博物馆，台北市北投区育亚路32号
电话:(02)28912318
- 台湾艺术教育中心，台北市南海路47号
电话:(02)23110574
- 邮政博物馆，台北市重庆南路2段45号
电话:(02)23945185
- 台北儿童交通博物馆，台北市汀州路3段2号
电话:(02)23654248

美术馆

- 艺术亚洲收藏品及艺术品顾问中心，台北市敦化南路1段312号
电话:(02)27037562
- Firenze 美术馆，台北市忠孝东路4段222号D栋4层
电话:(02)27818080
- 影像空间，台北市敦化南路1段130号
电话:(02)27737434
- 陶器爱好者，台北市产中路14/1号
电话:(02)25633970
- 李仕巧工艺美术博物馆，台北市忠孝东路4段218-7号A栋3层
电话:(02)27813979
- 玄学美术馆，台北市忠孝东路4段218-2号5层
电话:(02)27519974

交通和通信

- "交通 & 通讯部"、"旅游局"
电话:(02)23491500
- 台北旅游交通指南
电话:(02)27208889
- 台北大众捷运股份有限公司
电话:(02)25363001
- 租车服务
电话:(02)28221000［台北］,(07)8020800［高雄］,(04)4257000［台中］
- VIP 租车公司
电话:(02)27131111
- WHOSE Travel.com 该旅行社设在台中，有英语的旅游网址。可以预订该地区的经济游
电话:(04)23265866

逆向收费电话国家代码

- 美国（AT&T，美国电报电话公司）
008-010-2880

- 澳大利亚 008-061-0061
- 加拿大 008-061-0061
- 德国 008-049-0049
- 中国香港 008-085-2111
- 意大利 008-039-0039
- 日本（KDD，日本国际电报电话公司） 008-81-0051
- 韩国 008-082-0082
- 马来西亚 008-60-0060
- 菲律宾 008-63-0063
- 新加坡 008-065-6565
- 英国 008-044-0044

语言培训中心

以下列举的是大学的附属语言中心，还有一些私立的学校也教授学生普通话和闽南话。

- 文化大学汉语学习中心，台北市经国南路 2 段 231 号 B1
  电话：（02）227005858 转 28/29
- Fengchia 大学中文中心，台中市文化路 100 号
  电话：（04）2522250 转 2155/2156/2157
- 台湾辅仁大学语言中心
  电话：（02）29031111 转 2414
- 政治大学汉语中心，台北市文山池南路 2 段 64 号
  电话：（02）29387102
- 成功大学现代艺术学院汉语中心
  电话：（02）27887415 转 52040
- 静宜大学汉语教育中心，台中市沙路 433，充池路 200 号
  电话：（04）6328001 转 2009
- 东海大学汉语中心，台中市东海大学 862 号信箱

士林官邸公园教堂

电话：(04) 3590259

报纸

- 《中国邮报》，提供一份台湾英文日报的网络版
  电话：(02) 25957962
- 《台北时报》，提供另一份台湾日报的网络版
  电话：(02) 26561000 转 8503

宗教机构

基督教教堂

- AGAPE 国际基督教教会，北平西路 3 号 6 层，台北火车站东 2 号大门
  电话：(02) 25981009
- 卡尔文国际浸礼会教堂，扬德大道 2 段 21 号
  电话：(02) 28313458
- 基督教堂，汀州路 3 段 257 号 3 层 / 天母区天宇街 63 号
  电话：(02) 23686314/2871-4742
- 好牧羊人教堂，忠孝东路 4 段 210 号 B1
  电话：(02) 28738104
- 城市复兴教堂，忠孝东路4段210号B1
  电话：(02) 87736861
- 东门长老会教堂，仁爱路 2 段 76 号
  电话：(02) 23513589
- 格里斯浸礼会教堂
  电话：(02) 23625321

天主教教堂

- Corpus Christi 天主教堂，阳明山华康路 2 号，电话：(02) 28616185

- 神圣之家天主教堂，兴城南路 2 段 50 号，电话:（02）23212444
- 天母圣母天主教堂，中山北路 7 段 171 号，电话:（02）28715168

清真寺和犹太教堂

- 台北大清真寺，新生南路 2 段 62 号，电话:（02）23927364
- 台北犹太教堂，闽川东路 2 段 41 号 / 石牌路 2 段 343 号 Jalane 7 号
  电话:（02）25971234/28742763

其他

- 基督科学服务中心，台北市长安东路 2 段 201 巷 10 号
  电话:（02）28738151
- Jesus Christ of Latter-Day Saints，台北市敦化街“爱国”东路 256 号 25 巷
  电话：（02）23211045（汉语）28367517（英语）
- 第七日圣临，台北市八德路 2 段 424 号，电话:（02）27718151 转 2959
- Bahai Faith，台北市青城南路1段149-13号3层，电话:（02）27070392/47
- Bahai Centre，台北市敦化南路 1 段 160 巷 43 号 3 层，电话:（02）27818288

商业信息服务

- 台北国际商业中心，台北市敦化路 1 段 25 号 4 层
- 台湾世界贸易中心，台北市信义路 5 段 5 号
  电话:（02）27251111
- “盎格鲁（中国）台湾贸易委员会”，台北市仁爱路 2 段 99 号 9 层
  电话:（02）23224242
- 澳大利亚工商业办事处，台北市基隆路 1 段 333 号 2605 室
  电话:（02）27202833
- 奥地利贸易代表处，台北市敦化北路 205 号
  电话:（02）27155220
- 比利时贸易协会，台北市民生东路 131 号 World Wide House 901 室
  电话:（02）27151215
- 加拿大英属哥伦比亚代表处，台北市信义路 5 段 5 号 7 层 7G03
  电话:（02）27220805
- 加拿大贸易办事处，台北市复兴北路 365 号 9 层
  电话:（02）27137268
- 英国贸易与文化办事处，台北市仁爱路 2 段 99 号 9-10 层
  电话:（02）23224242
- 欧洲商业贸易委员会，台北市忠孝东路 4 段 285 号 9 层
  电话:（02）27400236
- 中国香港贸易发展委员会，台北市松墙路 315 号 10 层
  电话:（02）25166085
- 德国贸易办事处，台北市民生东路

3 段 4 号 9 层

电话:（02）23635597

- 马来西亚友谊与贸易中心，台北市敦化北路 102 号 8 层

  电话:（02）27132626

- 墨西哥贸易服务中心，台北市基隆路 1 段 333 号 2905 室

  电话:（02）27576526

- 莫斯科—台北经济与文化委员会，台北市信义路 5 段 2 号 10 层

  电话:（02）28780311

- 菲律宾贸易投资办事处，台北市信义路 5 段 195 号 7B 室
- 新加坡贸易办事处，台北市信义路 4 段 855 号 9 层

  电话:（02）27221940

- 泰国贸易经济办事处，台北市复兴北路 150 号 7 层

  电话:（02）27121882

台南全台首学孔庙

更多阅读信息

整体介绍

《台北巴士指南》，达米安・布朗

- 如果你打算乘坐公共交通到台北旅行，该书不可不读。

《台北生活》，中国台北：台北社区服务中心，2004 年

- 这是在本书之后你应当买的第一本关于台湾的书。在本书中粗略介绍的一些方面，在该书中都有深入的介绍，如到哪里去买窗帘，怎样获取驾驶执照。在文化介绍方面则比较简略，而这是本书的主要工作。最好在你动身之前预订一本。

《洞悉台湾》，丹尼尔・里德，中国香港：APA 出版社，1989 年

- 这是一本了解台湾岛上的很多奇人怪事的指南手册，有很多文化方面的见解。作者也是一位长期居住台湾的美国人。

《本月台湾》

- 这不是一本书，而是一本免费杂志！这本必不可少的杂志在任何较好的酒店都可以拿到。有很多有用的地址和电话号码，重要的地图、酒店和餐馆的名单，有很多你可能需要的服务广告，以及移民社区活动的最新消息。

历史

《宋家王朝》，斯特林·西格雷夫，伦敦：Sidgewick and Jackson，1985 年

- 作者在描写宋氏三姐妹的历史时态度强硬，宋氏姐妹的强权家族背景和高度政治化的婚姻很大程度上影响了现代中国。该书也揭露了国民党在中国大陆执政时阴暗的一面。

道教、佛教和儒教

《健康、性和长寿之道：对古老方式的现代实践》，丹尼尔·里德，Fireside，1989 年

台南赤嵌楼

《护卫三宝》丹尼尔·里德，纽约：Simon Schuster，2001 年。

也可以找一些托马斯·科利尔瑞的书来读。他是一位多产译者，主要研究中国和日本思想的古典著作。R.L.Wing 也很好地翻译了不少道家思想作品。

另一种视角

《丑陋的中国人和中国文化危机》，柏杨，J. 寇和静清编。圣·里奥纳多，新南威尔士：Allen and Unwin，1992 年

- 柏杨，台湾以前的政治犯，细致入微地刻画了中国人消极的一面。

《厚黑学》，楚秦宁，Warner Books，1994 年

- 本书旨在教会西方人怎样吸收亚洲生意人成功的阴暗秘诀。

如果你在自己国家无法得到这些书籍，其中的大多数在洞穴书店可以买到，地址在台北市中山北路 2 段 103 号。该书店一直以来都是访问台湾的客人的第一站。

Eslite 书店，在台湾有 40 家分店，有些 24 小时营业。Eslite 书店在台湾相当于 Bordor’s 书店，舒适，货源充足，有附属的咖啡店。